FYLATOS PUBLISHING

Copyright για την ελληνική έκδοση
Ιωσήφ-Χρήστος Κ. Κονδυλάκης
© Εκδόσεις Φυλάτος, © Fylatos Publishing, Θεσσαλονίκη 2018

Συγγραφέας: Ιωσήφ-Χρήστος Κ. Κονδυλάκης

© Εκδόσεις Φυλάτος, © Fylatos Publishing
e-mail. contact@fylatos.com
web: www.fylatos.com
Σχεδιασμός Εξωφύλλου: © Εκδόσεις Φυλάτος
Σελιδοποίηση-Σχεδιασμός: © Εκδόσεις Φυλάτος
ISBN: 978-618-5318-50-5

Ιωσήφ-Χρήστος Κ. Κονδυλάκης

ΠΟΛΕΜΟΣ ΓΙΑ ΤΗΝ ΚΑΤΑΣΤΡΟΦΗ ΤΗΣ ΝΟΗΜΟΣΥΝΗΣ

Εκδόσεις Φυλάτος
Fylatos Publishing
MMXVIII

ΠΟΛΕΜΟΣ ΓΙΑ ΤΗΝ ΚΑΤΑΣΤΡΟΦΗ ΤΗΣ ΝΟΗΜΟΣΥΝΗΣ
Ιωσήφ-Χρήστος Κονδυλάκης, 2001

Πυρηνικός Φυσικός, Ειδικός Πληροφορικής.
Πρώην Επίκουρος Τεχνικός Προϊστάμενος στα κεντρικά γραφεία ομάδας Πυρηνικών Αντιδραστήρων και πρώην Διευθυντής Σχεδιάσεως Συστημάτων και Αναπτύξεως, στον Καναδά.
Τώρα εργάζεται στο Ε.Κ.Θ.Ε., 16604, Αθήνα.

Επικοινωνία με το συγραφέα
Ταχυδρομική διεύθυνση: περιοχή Αναβύσσου, 19013, Αττική, τηλ. & φαξ, 22910-55275, e-mail : sifiskon@otenet.gr.

ΠΙΝΑΚΑΣ ΠΕΡΙΕΧΟΜΕΝΩΝ ΤΟΥ ΒΙΒΛΙΟΥ

I.

Περίληψη

Το παρόν άρθρο είναι μία εισαγωγή στον πόλεμο καταστροφής νοημοσύνης (ΠΚΝ), όπως αυτός γίνεται εναντίων Εθνών, Οργανισμών και ατόμων (π.χ. εναντίων Κρατικών Οργανισμών, των Ενόπλων Δυνάμεων, του Εκπαιδευτικού και Ερευνητικού συστήματος, Εμπορικών Οργανισμών, υψηλής νοημοσύνης και γνώσεων ανθρώπων, των πολιτών κ.α.). Ορισμένες μέθοδοι διεξαγωγής του ΠΚΝ περιγράφονται στο παρόν άρθρο και προτάσεις γίνονται για περαιτέρω επιστημονική έρευνα στο θέμα. Το παρόν άρθρο είναι μία επιστημονική μελέτη και παρουσιάζεται ως *Εθνικά ενωτικό θέμα* (καλές ιδέες μπορεί να προκύψουν από οποιοδήποτε πολιτικό κόμμα, αρκεί να είμαστε ανοικτόμυαλοι) και όχι για πιθανούς πολιτικούς διχασμούς. Ελπίζουμε το παρόν άρθρο να διεγείρει την κριτική και πρωτότυπη σκέψη και τη σχετική συστηματική έρευνα στον ΠΚΝ.

Λέξεις κλειδιά: νοημοσύνη, πόλεμος, άμυνα, επίθεση, έρευνα.

Σημείωση

Η παρούσα επιστημονική εργασία είναι συνέχεια του άρθρου [1] και έχει ως σκοπό μαζί με το άρθρο [1] να δημιουργήσει το υπόβαθρο για τη νομική προστασία από τον Πόλεμο Καταστροφής Νοημοσύνης. Επίσης, ο συγγραφέας του παρόντος άρθρου θεωρεί ότι τα έθνη και Κράτη πρέπει να σέβονται τα Ανθρώπινα Δικαιώματα όπως αυτά διατυπώνονται στα νομικά κείμενα των Διεθνών Οργανισμών, όπως του Οργανισμού Ηνωμένων Εθνών, του Συμβουλίου της Ευρώπης, της Ευρωπαϊκής Ένωσης, κ.α., και πρέπει να γίνει προφανές ότι σε κάθε έθνος και Κράτος υπάρχουν «καλοί» και «κακοί» άνθρωποι με την έννοια της Δικαιοσύνης και της Ηθικής. Το παρόν άρθρο αφιερώνεται στους αγώνες για τα Ανθρώπινα Δικαιώματα με την ευχή για ένα Δικαιότερο μέλλον για την Ανθρωπότητα [32], [35]...

Υ.Σ: Το άρθρο [1], με τίτλο «Η δημιουργική νοημοσύνη ως έννομο αγαθό», από τον Ιωσήφ-Χρήστο Κονδυλάκη, δημοσιευμένο στο νομικό περιοδικό
«Ποινική Δικαιοσύνη», Οκτ. 1999, σ. 1055 επ., περιλαμβάνεται ως παράρτημα στο παρόν άρθρο. ·

Περιεχόμενα

1.

Ορισμοί εννοιών

Νοημοσύνη Ανθρώπου [1], εννοούμε στο παρόν άρθρο, την ικανότητα λύσεως προβλημάτων (επιστημονικά, στρατιωτικά, κ.α.) ή/και τη μη τυχαία επιλογή μίας βέλτιστης (optimum) επιλογής σε πρόβλημα αποφάσεως, με χρήση ενός αλγορίθμου, ο οποίος μπορεί να περιλαμβάνει λογικές διαδικασίες, σαν την επαναληπτική (iterative) διαδικασία ερωτήσεων -Γιατί; Διότι... Έχει έννοια- για τις αιτίες που πρέπει να κατανοηθούν [2], [3].

Νοημοσύνη Ανθρώπινου Οργανισμού [1], νοούμε την απόδοση σε λύση προβλημάτων του Οργανισμού (π.χ. Κράτος, Ένοπλες Δυνάμεις, Πανεπιστήμια, Εμπορικοί Οργανισμοί, κ.α.), με την έννοια της λήψεως βέλτιστων αποφάσεων, χώρο-χρονικά και ανά περίπτωση, και την βέλτιστη εκτέλεση των αποφάσεων αυτών.

Βέλτιστη (Optimum) απόφαση [1], εννοούμε την απόφαση εκείνη που μεγιστοποιεί την πιθανότητα για την εκπλήρωση ενός συνόλου στόχων χώρο- χρονικά και ταυτόχρονα όμως εξασφαλίζει και την εκπλήρωση των περιορισμών που έχουν τεθεί στο εν λόγω σύνολο των στόχων.

Πόλεμος Καταστροφής Νοημοσύνης, ΠΚΝ [1], εννοούμε την, με δόλο ή με εγκληματική αμέλεια, καταστροφή μερικώς ή ολικώς, προσωρινά ή μόνιμα της νοημοσύνης Ανθρώπου ή/και Ανθρώπινου οργανισμού. (Ο παραπάνω πόλεμος μπορεί να γίνει σε επίπεδα φυσικού προσώπου, νομικού προσώπου, Έθνους και Κράτους. Στη βαρύτατή του μορφή νομίζουμε ότι μπορεί να φθάσει έως τα εγκλήματα της προδοσίας του Έθνους και της εσχάτης προδοσίας [4].

2.

Εισαγωγή

Τα πάντα στον αισθητό μας κόσμο εξαρτώνται από τους νόμους της φύσεως, από την «τύχη» και από τις αποφάσεις των ανθρώπων και των ζώων [1].

Από τους παραπάνω παράγοντες συνάγεται ότι η ανθρώπινη σκόπιμη επίδραση σε γήινο ή εξωγήινο σύστημα, στηρίζεται στη λήψη αποφάσεων και την εκτέλεσή των. Ακολούθως, η κατάλληλη για τις χώρο-χρονικές ανάγκες εκλογή ενός συνόλου στόχων και η βέλτιστη επίτευξη του συνόλου των στόχων είναι βασική συνάρτηση της ανθρώπινης νοημοσύνης και της νοημοσύνης των ανθρωπίνων οργανισμών [1].

Λόγω των παραπάνω, συνάγεται ότι η καταστροφή της νοημοσύνης ανθρώπου ή/και ανθρώπινου οργανισμού, είναι δυνατόν να οδηγήσει σε καταστροφή του ανθρώπου ή/και του ανθρώπινου οργανισμού, λόγω συνεπειών των «ηλιθίων» αποφάσεών των. Επιπλέον, είναι δυνατόν, ο άνθρωπος ή/και ο ανθρώπινος οργανισμός με κατεστραμμένη (σε ορισμένο βαθμό) τη νοημοσύνη του να γίνει πειθήνιο όργανο που να εκτελεί, πολλές φορές χωρίς καν να το καταλαβαίνει, τις εντολές του ανθρώπου ή/και του οργανισμού που κάνει ΠΚΝ εναντίον του.

Με βάση τα παραπάνω είναι προφανής η θεμελιώδης σημασία του θέματος της αντιλήψεως και κατανοήσεως ότι γίνεται ΠΚΝ σε ανθρώπους και ανθρώπινους οργανισμούς και ακολούθως της θεμελιώδους ανάγκης της αναπτύξεως σχετικής άμυνας στον ΠΚΝ, σε επίπεδο ανθρώπων, Έθνους και Ευρωπαϊκής Ένωσης.

*Σημείωση για τον αναγνώστη/μελετητή:

Επειδή κάποιες μέθοδοι του ΠΚΝ μπορούν να ενταχθούν σε πολλές κατηγορίες, για αυτή την αιτία υπάρχει αναγκαία επανάληψη του κειμένου σε διαφορετικές κατηγορίες, για την αύξηση της λογικής πληρότητας των κατηγοριών.

3.

Μερικές μέθοδοι του ΠΚΝ

Η γενική ιδέα στις μεθόδους ΠΚΝ είναι να δημιουργήσουν εμπόδια ή να μειώσουν την αποδοτικότητα της (ή των) διαδικασίας(ων) λύσεως προβλήματος(ων) στον Άνθρωπο ή/και στον Ανθρώπινο οργανισμό.

3.1. Έλλειψη κινήτρων και αμοιβής κινήτρων (έλλειψη motivation)

Όταν σε έναν οργανισμό δεν υπάρχουν κίνητρα (π.χ. οικονομική διαφοροποίηση μισθών και bonus, προώθηση στην ιεραρχία και στην κατάλληλη θέση εργασίας των ανθρώπων με τα κατάλληλα προσόντα, δημιουργία ενδιαφέροντος για την εργασία, ηθικά βραβεία κ.α.) τότε δεν δημιουργείται διάθεση για τη χρήση της νοημοσύνης και για λύση προβλημάτων, αλλά προκαλείται η τάση για αδιαφορία και τεμπελιά.

Αντιθέτως τα bonus (χρηματικά βραβεία, ηθικά βραβεία κ.α.) που δίνονται αξιοκρατικά, όπως και η αξιοκρατική και αξιόλογη αμοιβή των συμβούλων, εκπαιδευτών, του επιστημονικά εκπαιδευμένου και ειδικευμένου προσωπικού κ.α., προσελκύει και αναπτύσσει το ενδιαφέρον του προσωπικού με υψηλά προσόντα, υψηλή νοημοσύνη και γνώσεις [14],[25].

Ιδιαίτερη προσοχή και μελέτη απαιτούν οι περιπτώσεις που, όχι μόνο δεν δίνονται κίνητρα για την ανάπτυξη της νοημοσύνης αλλά αντιθέτως, δίνονται αντικίνητρα με αποτέλεσμα την καταστροφή της νοημοσύνης (ΠΚΝ). Για παράδειγμα σε ένα Κράτος είναι δυνατόν να μεγιστοποιούνται τα εισοδήματα επαγγελμάτων «αποβλακώσεως» του κοινού, π.χ. των τραγουδιστών που χρησιμοποιούν τραγούδια αποβλακώσεως όπως μίας φράσεως που επαναλαμβάνεται συνεχώς σε ένταση φωνής που προκαλεί πόνο στα αυτιά και καθιστά αδύνατη κάθε συναισθηματική ή λογική συνομιλία, το μονότονο των ποδοσφαιριστών (που ίσως σκόπιμα –ΠΚΝ- προβάλλονται πρώτοι στα ΜΜΕ, καθυστερώντας τις ειδήσεις ακόμα και για τις συναντήσεις των Αρχηγών Κρατών της Ευρωπαϊκής Ένωσης), τα πολύ υψηλά ημερομίσθια εργατών με γνώσεις μίας ή δύο τάξεων Δημοτικού, κ.τ.λ., ενώ ταυτόχρονα ελαχιστοποιούνται τα εισοδήματα ανθρώπων και επαγγελμάτων «υψηλής νοημοσύνης» που δύνανται να ανυψώσουν τη νοημοσύνη του κοινού, π.χ. άριστοι επιστήμονες με μεταπτυχιακά και άλλων διανοητικά και δημιουργικά εργαζομένων ανθρώπων, με συνέπεια να είναι σχεδόν αδύνατο άριστοι επιστήμονες να αγοράζουν τα πανάκριβα επιστημονικά συγγράμματα που απαιτούνται στην επιστημονική εργασία των και η ποιότητα της ζωής των και η αξιοπρέπεια της διαβίωσης των να είναι πολύ υποβαθμισμένη και να στερούνται κοινωνικής αναγνώρισης, λόγω των οικονομικών περιορισμών που υφίστανται, με συνέπεια η νοημοσύνη των, η διάθεση για πρωτοποριακή εργασία και η αποδοτικότητα στην εργασία των να είναι υπερβολικά μειωμένες συγκριτικά με τις ικανότητές των. Τα αποτελέσματα μακροπρόθεσμα, μεσοπρόθεσμα αλλά και βραχυπρόθεσμα μπορεί να είναι ολέθρια για τα Εθνικά συμφέροντα, διότι ελαχιστοποιούνται οι Εθνικές ικανότητες για την ανάπτυξη και πρωτοπορία του Έθνους στον Διεθνή και Εθνικό τομέα και ελαχιστοποιείται η ικανότητα ή/και αποδοτικότητα της επιστημονικής ανάλυσης και βέλτιστης λύσης των προβλημάτων του Έθνους, με αποτέλεσμα να μεγιστοποιούνται οι πιθανότητες για πλήθος μελλοντικών καταστρεπτικών συνεπειών και χαμένων ευκαιριών για τα Εθνικά συμφέροντα.

Σε Εθνικό επίπεδο νομίζουμε ότι η μεγιστοποίηση των εισοδημάτων «πηγών αποβλακώσεως» με ταυτόχρονη την ελαχιστοποίηση των εισοδημάτων των «πηγών νοημοσύνης και δημιουργικών γνώσεων» είναι ουσιαστικά ο πιο αποτελεσματικός τρόπος πολέμου καταστροφής νοημοσύνης και πολιτισμού, ενός οργανισμού (έθνους, κ.α.). Τούτο γίνεται ακόμα χειρότερο όταν ο λαός διδάσκεται από τα Μέσα Μαζικής Επικοινωνίας να χρησιμοποιεί τα «προϊόντα» και τις «υπηρεσίες» των «πηγών αποβλακώσεως» και ταυτόχρονα δεν πληροφορείται σχεδόν καθόλου (εκτός ιατρικής) για την εξέλιξη των επιστημών, τεχνολογίας και δημιουργικού πολιτισμού.

3.2. Έλλειψη ή καταστροφή δημιουργικής ιεραρχίας οργανισμών (π.χ. αναξιοκρατία, ανηθικότητα, κ.τ.λ.)

Η δημιουργική ιεραρχία των οργανισμών είναι θεμελιώδης παράγων καθορισμού στο ποιες αποφάσεις θα εκτελούνται και στο να δημιουργήσει το κατάλληλο κλίμα πού μπορεί να βελτιστοποιήσει την απόδοση της εργασίας και των διαθεσίμων πόρων του ανθρώπινου οργανισμού.

Δυστυχώς στην πραγματικότητα υπάρχουν ζωτικά καταστρεπτικές καταστάσεις για τους ανθρώπινους οργανισμούς (κράτος, ιδιωτικές εταιρείες, κ.α.).

Για παράδειγμα, ίσως στις κρατικές υπηρεσίες και στις ένοπλες δυνάμεις αριστούχοι επιστήμονες ή καθηγητές πανεπιστημίων ή αριστούχοι στην εκτέλεση εκπαιδευτικών ασκήσεων ή υψηλά διακρινόμενοι σε πραγματικά περιστατικά, δεν αμείβονται αλλά αγνοούνται ή το χειρότερο δεν προάγονται στους κατάλληλους βαθμούς και θέσεις εργασίας, διότι προωθούνται άλλοι που χρησιμοποιούν π.χ. φιλικές ή πολιτικές διασυνδέσεις, ή δολιοφθορά ή με τις έμμεσες επιρροές από ξένα κράτη και ξένα συμφέροντα, κ.τ.λ. Τότε καταστρέφεται η νοημοσύνη του ανθρώπινου οργανισμού (π.χ. κράτους, ενόπλων δυνάμεων, κ.α.) και η νοημοσύνη του ανθρώπου (λόγω ψυχοσωματικών προβλημάτων από αδικίες, κ.α.).

Κλασσικό ζωτικό παράδειγμα ΠΚΝ στις ένοπλες δυνάμεις είναι η καταστροφή των πιο νοημόνων αξιωματικών εν τη γενέσει των, με το να γίνονται στατιστικά απλοί στρατιώτες ή υπαξιωματικοί καθηγητές πανεπιστημίου και αριστούχοι επιστήμονες, λόγω σχετικών διατάξεων των ενόπλων δυνάμεων που ίσως έγιναν υπό έμμεση επιρροή από ξένες δυνάμεις, εκμεταλλευόμενες τα συμπλέγματα των στρατιωτικών (π.χ. εγωϊσμό, κ.α.). Οι συνέπειες των παραπάνω είναι καταστρεπτικές για το έθνος και επηρεάζουν καταστρεπτικά πολλά εθνικά συμφέροντα έως και αυτή την εδαφική ακεραιότητα του έθνους (π.χ. ως συνέπεια ίσως ηλιθίων αποφάσεων ή αδυναμίας λύσεων προβλημάτων με τον βέλτιστο χωροχρονικά και ανά περίπτωση τρόπο σε κρίσιμες στιγμές κ.τ.λ.) [5].

Επιπλέον πρέπει να τονιστεί ότι σήμερα, στην εποχή της υψηλής τεχνολογίας και των ειδικευμένων γνώσεων αλλά και των ολιστικών (global view) διεπιστημονικών γνώσεων, ορισμένοι άνθρωποι κρίνονται αναντικατάστατοι και, η μη αξιοποίησή τους από το κράτος ή από Ιδιωτική επιχείρηση, μπορεί να έχει ολέθριες συνέπειες και για το κράτος και για την ιδιωτική επιχείρηση με το να μη ληφθούν οι σωστές αποφάσεις και το κράτος να υποστεί καταστροφές στον εσωτερικό τομέα ή/και στις διεθνείς δραστηριότητές του και η ιδιωτική επιχείρηση ίσως να οδηγηθεί σε πτώχευση.

3.3. Έλλειψη ή καταστροφή ποιότητας γνώσεων (εκπαίδευση, πληροφόρηση, κ.α.)

Η χρήση εντυπωσιακών λέξεων ψυχολογικής επιρροής με ταυτόχρονη καταστροφή της ακριβολογίας στην πληροφόρηση, η περιγραφή και ο τονισμός μη ουσιωδών πληροφοριών, η απόσπαση της προσοχής σε *πλήθος ασχέτων* πληροφοριών, ενώ ταυτόχρονα αποκρύπτονται οι αρχές και τα κλειδιά-πληροφορίες, η μερική πληροφόρηση και η απόκρυψη της συνολικής εικόνας του θέματος, η μονομερής πληροφόρηση και ο αποκλεισμός των γνώσεων των πολλών απόψεων (π.χ. ίσως ως μοναδική πληροφόρηση είναι κάποια εγχειρίδια του ΝΑΤΟ και σχεδόν κανένα ή ελάχιστα πανεπιστημιακά συγγράμματα και επιστημονικά περιοδικά σε εθνικές πολεμικές βιομηχανίες) είναι μέθοδοι ΠΚΝ. Ακόμα το να υπάρχουν πλήθος βιβλίων για *χρήσεις* προϊόντων (π.χ. πληροφορικής) ενώ ταυτόχρονα να υπάρχει σχεδόν ανυπαρξία βιβλίων *για την κατανόηση αρχών και λεπτομερειών για τη σχεδίαση νέων* προϊόντων ή η μεγάλη έλλειψη *αρίστων* συγγραμμάτων και η διαθεσιμότητα *χαμηλής* ποιότητας συγγραμμάτων *που πολυδιαφημίζονται* είναι επίσης μέθοδοι του ΠΚΝ.

Επίσης, η πολυδιαφήμιση και η ευρεία διαφήμιση από τα Μέσα Μαζικής Επικοινωνίας, ΜΜΕ (Τηλεόραση, τύπος ραδιόφωνο, κ.α..) θεμάτων αποβλακώσεως και καταστροφής νοημοσύνης (π.χ. οι ηλιθιότητες της αστρολογίας, τα παιχνίδια απομνημόνευσης άχρηστων πληροφοριών κ.α.) με ταυτόχρονο τον, σχεδόν πλήρη, αποκλεισμό της νοήμονος πληροφόρησης (π.χ. επιτευγμάτων των επιστημών, της τεχνολογίας, της φιλοσοφίας και επιστημονικού και δημιουργικού κοινωνικού προβληματισμού, κ.α.) είναι μέθοδοι ΠΚΝ κατά των πολιτών του κράτους.

Η διδασκαλία θεμάτων με χαμηλή ή ίσως παραπλανητικής ποιότητας πληροφόρηση από βιβλία ή καθηγητές, που ίσως έμμεσα επηρεάζονται πολλάκις με άγνοιά των, από τα συμφέροντα ξένων κρατών ή ξένοι σύμβουλοι σε εθνικούς οργανισμούς που εξυπηρετούν ξένα συμφέροντα και είναι δυνατόν να επηρεάσουν την κατεύθυνση προς τη λήψη αποφάσεων, (κρατικές, επιστημονικές κ.α.) αφήνοντας ίσως μόνο την ελευθερία στους πολίτες ή στους Εθνικούς οργανισμούς να διαμορφώσουν τις ασήμαντες λεπτομέρειες, είναι μέθοδοι ΠΚΝ.

Στην πρόοδο της επιστήμης/τεχνολογίας οικονομικά συμφέροντα είναι ίσως δυνατόν να επιτρέπουν την ευρεία διαφήμιση και προώθηση βασικών θεωριών και ιδεών προς ορισμένες *κατευθύνσεις* που προέρχονται από *πολυδιαφημισμένα* επιστημονικά ιδρύματα, αφήνοντας την ελευθερία των λεπτομερειών σε αυτές τις κατευθύνσεις σε άλλους, ίσως με κάποιο έλεγχο των διεθνών επιστημονικών περιοδικών και έλεγχο της προώθησης των ιδεών στο διεθνές δίκτυο ηλεκτρονικών υπολογιστών το INTERNET, μέσω ίσως του ελέγχου των πιο δημοφιλών search engines του INTERNET.

Η έλλειψη χρηματοδότησης για τη δημιουργία βιβλιοθηκών και η κακή επιλογή συγγραμμάτων σε επιστημονικές βιβλιοθήκες οργανισμών, είναι επίσης μία αποτελεσματική μέθοδος ΠΚΝ διότι στερεί την *ποιοτική* πληροφόρηση πάνω στην οποία στηρίζεται η λήψη των βέλτιστων αποφάσεων.

Η μονόπλευρη πληροφόρηση στενεύει τους διανοητικούς ορίζοντες γι' αυτό, για παράδειγμα, ας σκεπτόμεθα ότι από κάθε πολιτικό κόμμα ή κάθε σκεπτόμενο άνθρωπο (ακόμα και από παιδί ή τελείως άσχετο με την επιστήμη μας άνθρωπο) μπορεί να προκύψει άμεσα ή έμμεσα μία καλή ιδέα, και μία καλή ιδέα μπορεί να οδηγήσει σε μία πολύ επιτυχή λύση ενός προβλήματος, γι' αυτό πρέπει να ακούμε με προσοχή κάθε καλή ιδέα και φυσικά να αναγνωρίζουμε και να αμείβουμε την πηγή προέλευσης της καλής ιδέας, ώστε το άτομο να ενθαρρύνεται και να συνεχίζει να μας παρέχει τις ιδέες του.

Ένα άλλο παράδειγμα μεθόδου ΠΚΝ είναι σε εκπαιδευτικές εξετάσεις (π.χ. σε πανελλήνιες εξετάσεις εισαγωγής στην Τριτοβάθμια εκπαίδευση, κ.α.) να δίνονται πολύ εύκολα θέματα, οπότε οι περισσότεροι υποψήφιοι βρίσκουν τη σωστή απάντηση στα θέματα, με συνέπεια τότε η επιλογή των υποψηφίων να γίνεται με άσχετα κριτήρια προς τα θέματα της εξέτασης, για παράδειγμα με κριτήρια καλλιγραφίας, εύσχημον του γραπτού, ορθογραφίας, καθαρότητας της γραφής χωρίς διαγραφές και μουτζούρες και ...την τύχη ποιος εξεταστής θα διορθώσει το γραπτό με σκοπό να γίνει η διαφοροποίηση μεταξύ ενός επιτυχούς βαθμού π.χ.19.0 και ενός αποτυχόντος βαθμού 18.5. Η επιλογή των υποψηφίων με πολύ δύσκολα προβλήματα με μεγάλη διακριτικότητα θα διακρίνει εκείνον που έλυσε το πρόβλημα, από εκείνον που δεν το έλυσε, με αποτέλεσμα να επιτύχουν οι υποψήφιοι με ουσιώδη κριτήρια κριτικής σκέψεως, ικανότητας λύσεως δύσκολων προβλημάτων και επαρκών γνώσεων.

Ας θυμηθούμε ότι οι μεγαλύτερες διάνοιες των θετικών επιστημών ήταν κακογράφοι και ατημέλητοι στη γραφή με συνέπεια σε ένα εξεταστικό σύστημα με πολύ εύκολα θέματα θα κατατασσόταν ίσως στην κατηγορία των αποτυχημένων υποψηφίων, διότι άλλοι υποψήφιοι (που και αυτοί έλυσαν τα πολύ εύκολα προβλήματα) θα υπερτερούσαν στα άσχετα δευτερεύοντα κριτήρια επιλογής.

Πρέπει βέβαια να είναι προφανές ότι οι μελλοντικοί επιστήμονες με υψηλή δημιουργική νοημοσύνη και γνώσεις είναι το θεμέλιο της μελλοντικής ευτυχίας του έθνους, διότι έτσι μεγιστοποιείται ο ανθρώπινος παράγων για την λήψη βέλτιστων χωροχρονικών και ανά περίπτωση αποφάσεων στις δραστηριότητες του έθνους.

3.4. Καταστροφικές παραγωγές
Μέσων Μαζικής Επικοινωνίας (ΜΜΕ)

Τα ΜΜΕ χρησιμοποιούνται κυρίως για την ενημέρωση και τη διασκέδαση του κοινού. Όμως πρέπει να υπάρχουν ποιοτικά κριτήρια και στις δυο παραπάνω δραστηριότητες, υπό την έννοια της προστασίας της νοημοσύνης, της ψυχοσωματικής υγείας των ανθρώπων και του Δικαίου. Η δε ποιότητα της διασκέδασης να είναι ποιοτικά ανώτερη σε ανθρώπινο πολιτισμό, σε σύγκριση με τη ζωώδη συμπεριφορά και τα ζωώδη ένστικτα. Στην ενημέρωση από τα ΜΜΕ στην πλειονότητα γίνεται ΠΚΝ με το να μην παρουσιάζονται τα σημαντικά και ουσιώδη γεγονότα, υπό την έννοια των θετικών και ανθρωπιστικών επιστημών, αλλά με το να παρουσιάζονται σε μακρύτατο χρονικό διάστημα ασήμαντες λεπτομέρειες, με πολλάκις κρυμμένη την ουσία των γεγονότων, με συνέπεια το κοινό να παρακολουθεί την «ενημέρωση» επί μεγάλο χρονικό διάστημα, χωρίς να καταλαβαίνει τι πραγματικά έχει συμβεί, αλλά να υφίσταται μόνο συναισθηματική επιρροή υπό την μορφή θεατρινισμών, με αποτέλεσμα να αδρανοποιείται η κριτική σκέψη και η νοημοσύνη του τηλεθεατή, ακροατή και αναγνώστη.

Οι ειδήσεις των ΜΜΕ αναφέρονται σχεδόν πάντα (στατιστικά) σε τρομακτικά και δραματικά γεγονότα, με σχεδόν πλήρη έλλειψη ανακοινώσεως ευχάριστων γεγονότων ή ανακοινώσεων επιστημονικής προόδου (εκτός της ιατρικής), με συνέπεια η αντίληψη της πραγματικότητας του κοινού σημαντικά να παραμορφώνεται σχετικά με την πραγματική εικόνα της κοινωνίας, με αποτέλεσμα να δημιουργείται αδιαφορία και τεράστια ανοχή για μεγάλα κακουργήματα και εχθρότητα προς τον άγνωστο άνθρωπο με συνέπεια να συμβάλει στην κοινωνική απομόνωση του ανθρώπου και σε κοινωνικά προβλήματα που υποβαθμίζουν σημαντικά την αποδοτικότητα της χρήσεως της νοημοσύνης. Η απόδοση της ανώτερης νοημοσύνης σημαντικά αυξάνει όταν το κοινωνικό της περιβάλλον είναι δημιουργικό με την έννοια της δημιουργικής οικογένειας, της δικαιοσύνης και της δημιουργικής ηθικής (π.χ. διδάγματα της Χριστιανικής θρησκείας).Μια άλλη μέθοδος ΠΚΝ που χρησιμοποιείται από τα ΜΜΕ είναι οι παραγωγές και οι διαφημίσεις σε μεγάλη συχνότητα να παρουσιάζουν αστρολόγους, μάγους και άλλους τσαρλατάνους και απατεώνες που αποβλακώνουν το κοινό, εκμεταλλευόμενοι ζωτικά συναισθηματικά προβλήματα, κυρίως των γυναικών, αλλά δυστυχώς παρόμοιες ηλιθιότητες έχουν επιχειρηθεί να αποβλακώσουν μέχρι... πιλότους αεροπλάνων (π.χ. με τη μέθοδο των βιορυθμών), δημιουργώντας έτσι καταστρεπτικά προβλήματα λόγω των προλήψεων, με το να τους προκαλείται έτσι κακοτυχία, επειδή ψάχνουν να τη βρουν, με το να συσχετίζουν ΑΣΧΕΤΑ γεγονότα με αυτά που αναμένουν από τις προλήψεις τους.

Μια άλλη μέθοδος ΠΚΝ είναι τα τηλεπαιχνίδια που τονίζουν υπέρμετρα τη χρήση της απομνημόνευσης σε άχρηστες γνώσεις και αποκλείουν τη χρήση της κριτικής και της νοημοσύνης και αμείβουν με βραβεία την άχρηστη γνώση.

Μια άλλη συνέπεια της τρομοκρατίας που προωθούν τα

ΜΜΕ, είναι ότι τρομοκρατούν τον πολίτη και έτσι τον κάνουν πιο επιρρεπή στον έλεγχο που τα ΜΜΕ επιβάλουν -στατιστικά- στη σκέψη (π.χ. τι θέματα θα συζητά και για τι θα ενδιαφέρεται το κοινό, κ.τ.λ.) και στη συμπεριφορά του κοινού (άμεσες ή/και έμμεσες επιρροές από φίλους, διαφημίσεις και σαπουνόπερες (classical conditioning-Ivan Pavlov) για το τι να πράξουν και το τι αμείψουν (operant conditioning-Skinner), με αποτέλεσμα το κοινό, στατιστικά, να συμπεριφέρεται σαν ρομποτάκι τηλεκατευθυνόμενο από τα ΜΜΕ. Με αυτή τη μέθοδο του ΠΚΝ μειώνεται, στατιστικά, σημαντικότατα η νοημοσύνη και τα δημιουργικά ενδιαφέροντα του κοινού. Οι συνέπειες είναι σημαντικότατες μακροπρόθεσμα για τα εθνικά συμφέροντα, διότι μελλοντικά δε θα υπάρχουν ευρέως διαθέσιμοι άνθρωποι υψηλής νοημοσύνης και γνώσεων για να παίρνουν τις βέλτιστες αποφάσεις στα πολύ δύσκολα και περίπλοκα προβλήματα που θα δημιουργούνται με την ταχύτατη και ίσως ανεξέλεγκτη, σε κάποιες συνέπειες της, εξέλιξης των επιστημών, της τεχνολογίας και των διεθνών σχέσεων.

Επιπλέον, η συνήθης άρνηση στο να πληροφορήσουν το κοινό για σημαντικές επιστημονικές ανακαλύψεις (εκτός της ιατρικής) καταστρέφει τις ευκαιρίες για την ανάπτυξη της διανόησης και της νοημοσύνης του κοινού, με το να στερεί στους πολίτες τη δυνατότητα να αναπτύξουν ενδιαφέροντα και συζητήσεις σε επιστημονικά θέματα και σχετικούς νοήμονες προβληματισμούς, με συνέπεια η νοημοσύνη και η ποιότητα των γνώσεων του κοινού να κρατείται σε πολύ χαμηλό επίπεδο. Αντιθέτως τα ΜΜΕ έχουν διαμορφώσει πρότυπα για τα «όνειρα» της νεολαίας με σκοπό τη μίμηση των ποδοσφαιριστών, τραγουδιστών «σκυλάδικων» τραγουδιών και ανήθικων ηθοποιών, αντί η νεολαία να ενθαρρύνεται και να θαυμάζει διακεκριμένους ανθρώπους της επιστήμης, της δημιουργικής νοημοσύνης και διανόησης και του δημιουργικού πολιτισμού.

Οι παραγωγές των ΜΜΕ είναι δυνατόν να επηρεάζουν την αντίληψη του κοινού [26], με την έννοια ότι τα ΜΜΕ μπορούν να κάνουν διαχείριση της αντίληψης (perception management) του κοινού, διότι του υποβάλουν πιθανές ερμηνείες που είναι σύμφωνες με τα συμφέροντα των συγκεκριμένων παραγωγών των ΜΜΕ. Για παράδειγμα τα υπέρμετρης βίας και τρομοκρατίας φιλμ των ΗΠΑ στατιστικά αυξάνουν την πιθανότητα μια συμπεριφορά ή/και ένα γεγονός να ερμηνευθεί από την αντίληψη του ανθρώπου ως απειλητικό. Εάν ο άνθρωπος ζει σε ένα διαρκές απειλητικό περιβάλλον (που μπορεί να είναι και αποτέλεσμα της βίας και τρομοκρατίας των ΜΜΕ) τότε μειώνεται σημαντικά η ικανότητά του για πολύ μεγάλη πρωτοτυπία (creativity) και για λύση πολύ περίπλοκων προβλημάτων, δηλαδή υφίσταται ΠΚΝ που μειώνουν σημαντικά την απόδοση της χρήσεως της νοημοσύνης.

Οι επιδράσεις των ΜΜΕ στην λειτουργία της αντίληψης του κοινού μπορεί να είναι καταστρεπτική για την νοημοσύνη του ανθρώπου, διότι μπορεί να οδηγήσει σε λανθασμένες ερμηνείες γεγονότων και συνεπώς σε λάθος ορισμό προβλήματος, με αποτέλεσμα να δοθούν λάθος ή παραπλανητικές «λύσεις» στην «πραγματικότητα» που αντιλαμβάνεται ο άνθρωπος, και βάση αυτής (της υποκειμενικής πραγματικότητας) να παίρνει αποφάσεις, συνεπώς τα παραπάνω είναι μία μέθοδος ΠΚΝ.

Στη σύγχρονη εποχή μας, μια άλλη διεθνής μέθοδος ΠΚΝ είναι ο έλεγχος του διεθνούς δικτύου ηλεκτρονικών υπολογιστών INTERNET *με τις πιο δημοφιλείς* search engines (μηχανές αναζήτησης) σαν τα Yahoo, Altavista, Lycos, Netscape, Microsoft, κ.α. στα οποία δίδεις λέξεις «κλειδιά» και σου βρίσκουν τις σχετικές διευθύνσεις όπου υπάρχουν πληροφορίες που σχετίζονται με τις λέξεις κλειδιά που έχεις δώσει. Οι πιο δημοφιλής search engines (όλες στις ΗΠΑ) φαίνεται ότι συνεργάζονται για να ελέγχουν την αναζήτηση των πληροφοριών από το INTERNET όπως για παράδειγμα αναφέρεται στο παρακάτω περιστατικό: Ο συγγραφέας του παρόντος άρθρου έχει αναπτύξει την επιστημονική *«Θεωρία εξέλιξης ενός νοήμονος οικοσυστήματος»* που σημαντικά τροποποιεί την θεωρία εξελίξεως ενός οικοσυστήματος του Δαρβίνου για να ισχύει στην σύγχρονη μας εποχή της υψηλής νοημοσύνης/γνώσεων και τεχνολογίας. Η θεωρία αυτή δημοσιεύθηκε στο επιστημονικό περιοδικό των ενώσεων των Ολλανδών και Γάλλων Θεωρητικών Βιολόγων το "Acta Biotheoretica", 45(2), June 1997, p. 181-182 και υπάρχει και η σχετική διεύθυνση του συγγραφέως στο INTERNET www.ncmr.gr/Kondylakis.html

Η Θεωρία για την εξέλιξη του νοήμονος οικοσυστήματος έχει σημαντικές επιδράσεις στη Βιολογία, Νοημοσύνη, Κοινωνιολογία, Ηθική, Θρησκεία, Φιλοσοφία, Οικονομία, Ψυχολογία και γενικότερα σε πολλές επιστήμες και στην τεχνολογία, με συνέπεια να θεωρείται ζωτική η ενημέρωση του διεθνούς επιστημονικού κοινού για τη νέα θεωρία.

Ο συγγραφέας (που έχει κάνει επιστημονική έρευνα και στην πληροφορική) προσπάθησε 2-4 φορές σε ένα έτος (και το έλεγξε και ο πιο έμπειρος στην πληροφορική επιστήμων της εργασίας του) να υποβάλει τη διεύθυνση της εν λόγω θεωρίας του στο INTERNET στις search engines Yahoo, Altavista, Lycos, Netscape, Microsoft και μερικές άλλες (και μία Ελληνική) αλλά σε καμία δεν έγινε δεκτή (εκτός την Altavista) με συνέπεια μία σημαντική επιστημονική ανακάλυψη να μην μπορεί να προωθηθεί διεθνώς.

Οι συνέπειες του παραπάνω περιστατικού ίσως δεν είναι αμέσως προφανείς γι' αυτό πρέπει να τονίσουμε ότι η έλλειψη μιας ΔΗΜΟΦΙΛΟΥΣ search engine που θα υποστηρίζεται από την Ευρωπαϊκή Ένωση έχει ως συνέπεια σημαντικές επιστημονικές ανακαλύψεις Ευρωπαίων Επιστημόνων αλλά και Ευρωπαϊκών νέων και καινοτόμων εμπορικών προϊόντων να μην μπορούν να γίνουν ευρέως γνωστά στο διεθνές κοινό, με τεράστιες συνέπειες για την Ευρωπαϊκή επιστημονική έρευνα, οικονομία και άλλες σημαντικές δραστηριότητες.

3.5. Καταστροφικά για τη δημιουργική νοημοσύνη οικοσυστήματα εργασίας και διαβιώσεως

Είναι προφανές ότι εργασία ή/και διαβίωση σε οικοσυστήματα με π.χ. δονήσεις κομπρεσέρ, ισχυρή μόλυνση καυσαερίων, ανυπαρξία επαρκούς χώρου εργασίας χωρίς τα αναγκαία έπιπλα και άλλα απαιτούμενα μέσα, ελλιπής φωτισμός, καταθλιπτικός χρωματισμός ή πολύ έντονος και ερεθιστικός χρωματισμός χώρων που κουράζει την όραση και το συναίσθημα, παντελής έλλειψη δένδρων και φυτών, έλλειψη δημιουργικής διακόσμησης, έλλειψη εργονομίας και καθαριότητος στο περιβάλλον και σοβαρότατα συγκοινωνιακά προβλήματα στην προσέλευση και αναχώρηση από την εργασία (ή την οικία) σοβαρότατα υποβαθμίζουν την απόδοση της χρήσης της νοημοσύνης και της διανοητικής εργασίας. Με άλλα λόγια η δημιουργία των παραπάνω καταστάσεων είναι μία πολύ αποτελεσματική μέθοδος ΠΚΝ.

Έτσι, για παράδειγμα, τεράστια είναι η διαφορά (κυρίως στη λύση πολύ περίπλοκων προβλημάτων και όχι τόσο για χειρωνακτικές εργασίες) όταν κάποιος εργάζεται σε ένα παλιό κτίριο στο ισόγειο της πλατείας Ομονοίας των Αθηνών και όταν κάποιος εργάζεται σε ένα όμορφο νησί της Ελλάδος ή σε ένα πευκόφυτο εξοχικό περιβάλλον σε ένα σωστά σχεδιασμένο λειτουργικά κτίριο [27]. Προφανώς τα ίδια ισχύουν για ΠΚΝ όταν ένας κατοικεί σε ένα χωρίς ήλιο υπόγειο (επειδή ως... επιστήμων δεν έχει επαρκή οικονομικά) σε αντίθεση με μία κατοικία σε μία ήσυχη νησιώτικη παραλία (π.χ. ενός πλούσιου... ποδοσφαιριστή).

3.6. Καταστροφικές κρατικές πολιτικές (γραφειοκρατία, χρονοβόρες διαδικασίες, ρουσφετολογία, αναξιοκρατία, έλλειψη οργάνωσης, κ.α.)

Είναι προφανές ότι η γραφειοκρατία εξασκεί ψυχολογικό πόλεμο στην απόδοση της χρήσης της νοημοσύνης διότι προκαλεί εκνευρισμούς, υπερβολική δαπάνη χρόνου σε άσχετες και πολλάκις άχρηστες διαδικασίες και αντιπερισπασμό από την κυρία εργασία, απογοητεύσεις (ιδίως αν τα προβλήματα προκαλούνται από υπαλλήλους που εκβιάζουν για τον χρηματισμό τους) και γενικώς είναι μια αποτελεσματική μέθοδος ΠΚΝ.

Η αναξιοκρατία (π.χ. λόγω φιλικών ή πολιτικών διασυνδέσεων) και η ρουσφετολογία δημιουργεί ανίκανους προϊσταμένους που πολλάκις από φόβο να μη χάσουν τη θέση τους, με εξουσιαστικές μεθόδους προσπαθούν να καταστρέψουν τη νοημοσύνη και τη διάθεση για εργασία των υφισταμένων τους (π.χ. τους υποχρεώνουν -με την απειλή της απόλυσης ή με ψυχολογικές μεθόδους- σε τυφλή υπακοή διαταγών τους, που πολλές φορές μπορεί να είναι μακροχρόνια ολέθριες για τον Οργανισμό (Έθνος, εμπορική επιχείρηση, κ.λπ.) και ακόμα για το κοινό (π.χ. σε οργανισμούς Πυρηνικών Αντιδραστήρων [13], Γενετικής, Πληροφορικής, κ.α.) και σε αποτυχίες των που οφείλονται στην ανικανότητά των, επιρρίπτουν τις ευθύνες στους υφιστάμενους των, ενώ ταυτόχρονα προωθούν και προαγάγουν χαμηλότερης απόδοσης από τον εαυτό τους υφισταμένους για να μπορούν να διατηρούν την ανίκανη εξουσία των, κ.λπ.). Συνέπεια των παραπάνω συνθηκών και του ΠΚΝ είναι τα αντικίνητρα που προκαλούνται για τη χρήση και ανάπτυξη της νοημοσύνης, με επακόλουθο άριστοι υφιστάμενοι να υποβάλουν την παραίτησή τους από τον οργανισμό που εργάζονται, με αποτέλεσμα την καταστροφή της νοημοσύνης του Ανθρώπινου οργανισμού ή ικανότατοι υφιστάμενοι να παραμένουν ως άβουλα όντα, προσδοκώντας μόνο τη...συνταξιοδότηση τους, με κατεστραμμένη τη νοημοσύνη τους και με ψυχοσωματικά προβλήματα. λόγω των παραπάνω καταστάσεων.

3.7. Καταστροφικές μισθολογικές νομοθεσίες για τη δημιουργική νοημοσύνη

Νομοθεσίες, νομολογίες και αποφάσεις που ευνοούν τη μεγιστοποίηση των χρηματικών αποδοχών σε «πηγές αποβλακώσεως» (π.χ. ποδόσφαιρο, επιχειρήσεις «σκυλάδικων» τραγουδιών, αγράμματο εργατικό προσωπικό οικοδομών -π.χ. εργολάβους-κ.α..) ενώ ταυτόχρονα ελαχιστοποιούνται οι χρηματικές απολαβές των «πηγών νοημοσύνης» (π.χ. ειδικευμένοι ιατροί ΙΚΑ με μισθό μικρότερο μίας...καθαρίστριας ή επιστήμονες με μεταπτυχιακές σπουδές με μισθό μικρότερο ενός ...λοχία του στρατού) θεωρείται η πιο αποτελεσματική μέθοδος ΠΚΝ για την καταστροφή νοημοσύνης των πλέον νοημόνων και με γνώσεις, ανθρώπων του έθνους. Η παραπάνω μέθοδος ΠΚΝ λόγω των τεραστίων προβλημάτων διαβιώσεως, αδικιών, κοινωνικής αναγνώρισης που προκαλεί στη δημιουργική νοημοσύνη και επιπλέον της αδυναμίας της αποκτήσεως των απαιτούμενων μέσων για την εργασία τους (π.χ. πανάκριβα επιστημονικά συγγράμματα, κ.α.) και τον αντιπερισπασμό να ασχολούνται με άσχετες προς την εργασία τους χρονοβόρες διαδικασίες λόγω ελλείψεως των οικονομικών (π.χ. αδυναμία αγοράς αυτοκινήτου με συνέπεια το μεγάλο χάσιμο χρόνου στις συγκοινωνίες, εκτέλεση χρονοβόρων οικιακών επισκευών, κ.α.) σε συνδυασμό με την αδυναμία (λόγω οικονομικών) να ξεκουραστούν με ποιοτική ψυχαγωγία, ουσιαστικά νεκρώνει την αποδοτικότητα, δημιουργικότητα και καινοτομίες της χρήσης της νοημοσύνης. Είναι γνωστό το παράδειγμα Καθηγητών Πανεπιστημίου με διεθνή φήμη της πρώην Σοβιετικής Ένωσης που δουλεύουν ως ... οικοδόμοι στη χώρα μας.

Επιπλέον η μεγιστοποίηση των εισοδημάτων των «πηγών αποβλακώσεως» έχει ως συνέπεια η κουλτούρα και ο «πολιτισμός» τους (π.χ. «σκυλάδικα» τραγούδια, κ.τ.λ..) να γίνεται εθνική κουλτούρα διότι αυτοί έχουν τα οικονομικά για να χρηματοδοτούν την κουλτούρα τους, ενώ ταυτοχρόνως η κουλτούρα και οδημιουργικός πολιτισμός των «πηγών νοημοσύνης» καταστρέφεται και αφανίζεται διότι οι δημιουργικά νοήμονες άνθρωποι δεν έχουν τα οικονομικά να υποστηρίξουν και να αναπτύξουν τον δημιουργικό πολιτισμό τους.

Οι συνέπειες είναι τρομακτικές για τον Εθνικό πολιτισμό, όπου σχεδόν όλα τα ΜΜΕ προωθούν την κουλτούρα των «πηγών αποβλακώσεως» και έχει σχεδόν παντελώς εκλείψει από τις παραγωγές των ΜΜΕ ο δημιουργικός πνευματικός πολιτισμός των «πηγών νοημοσύνης» (π.χ. κλασική μουσική, φιλοσοφία, διανοητικός προβληματισμός για κοινωνικά και επιστημονικά θέματα, δημιουργική θρησκεία, σοβαρή λογοτεχνία, κ.α.) και η ψυχολογική πίεση του κοινωνικά αποδεκτού, όπως διαμορφώνεται από τα ΜΜΕ, έχει αναγκάσει υψηλής μόρφωσης άτομα να προσαρμόζονται στην κυριαρχούσα κουλτούρα αποβλακώσεως των «πηγών αποβλακώσεως» που κατέχουν την οικονομική ισχύ.

Αντιθέτως, είναι γνωστό ότι η τεράστια επιστημονική και τεχνολογική πρόοδος του π.χ. Καναδά και ΗΠΑ και οικονομικά ανεπτυγμένων ευρωπαϊκών κρατών οφείλεται στις πολύ καλές οικονομικές αποδοχές που αμείβονται οι «πηγές δημιουργικής νοημοσύνης» που με τις νοήμονες και με γνώσεις αποφάσεις τους και την εργασία τους βραχυπρόθεσμα, μεσοπρόθεσμα και μακροπρόθεσμα αυξάνουν την οικονομική ευημερία του οργανισμού (Κράτους, Ιδρύματος κ.τ.λ.) που εργάζονται και συνεπώς εφ' όσον η κυβέρνηση εφαρμόσει ανθρωπιστική πολιτική θα υπάρχουν τα οικονομικά για να δοθούν κοινωνικές παροχές στους πολίτες του κράτους και σε ανθρώπους με ειδικές ανάγκες. (Θαυμαστό παράδειγμα οικονομικής πολιτικής το Κράτος της Ολλανδίας).

Ο δημιουργικά νοήμων και με γνώσεις άνθρωπος βασικά χρειάζεται για να αποδώσει τα κατάλληλα κίνητρα και αμοιβές κινήτρων (motivation), πλέον των απαιτούμενων προσόντων [14], οικονομική άνεση, οικοσύστημα εργασίας και οικίας για ευπρεπή και άνετη διαβίωση, ελεύθερο χρόνο, δημιουργική κοινωνική ζωή (θα μου επιτρέψετε να πω και για δημιουργική Θρησκεία

-π.χ. Χριστιανισμός- για να τον ενισχύει στις δύσκολες και απελπιστικές στιγμές της ζωής του και ως ηθική), περιβάλλον που να μην του προκαλεί εκνευρισμούς, μπελάδες και προβλήματα υγείας, δυνατότητες για δημιουργική διασκέδαση και δημιουργική, ευχάριστη και νοήμονα πληροφόρηση από τα ΜΜΕ και άλλες πηγές πληροφόρησης.

3.8 Ψυχολογικός πόλεμος σε ανθρώπους υψηλής νοημοσύνης και γνώσεων και σε ανθρώπους σε θέσεις «κλειδιά» εργασίας (π.χ. επιστήμονες, διπλωμάτες, αξιωματικούς, δημοσιογράφους κ.α.)

Ορισμένα ηγεμονικά σκεπτόμενα κράτη προσπαθούν να εξουδετερώσουν τους κορυφαίους επιστήμονες και ανθρώπους με υψηλά προσόντα, άλλων κρατών, που θα μπορούσαν να συνεισφέρουν σημαντικά στην ανάπτυξη των κρατών τους, με σκοπό το ηγεμονικό κράτος να διατηρεί την ηγεμονία του σε διεθνές επίπεδο και τον έλεγχό του επάνω σε άλλα κράτη. Επίσης με το να εξουδετερώνει ή να περιορίζει σημαντικότατα την επίδραση των ανθρώπων που μπορούν να αντιληφθούν τις μεθόδους των ή/και των ανθρώπων που μπορούν να εξελιχθούν σε οικονομικούς, επιστημονικούς, κ.τ.λ. ανταγωνιστές των, επιβάλλει την ηγεμονία του σε άλλα κράτη. Αμυντικά, τα έθνη και κράτη πρέπει να θεωρήσουν πρωταρχικό Εθνικό συμφέρον και Εθνικό Ανθρώπινο κεφάλαιο (National Human Capital) τους πολίτες τους με υψηλά προσόντα, αρχίζοντας πρώτα με την ανεύρεσή των από το φοιτητικό επίπεδο και μετά με το να τους παρέχουν όλα τα μέσα, την προστασία και τα κίνητρα και αμοιβές κινήτρων (motivation) για τη δημιουργική τους εξέλιξη, διότι από τη νοημοσύνη, τις γνώσεις και τις αποφάσεις των ανθρώπων αυτών στηρίζεται η μελλοντική πορεία και ευημερία του έθνους των, και φυσικά πρέπει να αναγνωρίζεται η συνεισφορά των για να ενισχύεται η διάθεσή των για περαιτέρω δημιουργική προσφορά στο έθνος τους και στην ανθρωπότητα γενικότερα.

Η παραπάνω μορφή ψυχολογικού πολέμου, που γίνεται από ηγεμονικό Κράτος σε ξένα Κράτη, γίνεται με γνωστές ή άγνωστες μεθόδους ψυχολογικού πολέμου αλλά προσαρμοσμένες να επιδρούν σε ατομικό επίπεδο σύμφωνα με την προσωπικότητα και ψυχολογία του ανθρώπου που θέλουν να εξουδετερώσουν.

3.8.1 Μέθοδοι μειώσεως ή στερήσεως της προβολής επιστημονικής έρευνας και πρωτοπορίας

Για παράδειγμα, είναι δυνατόν ηγεμονικό κράτος να προσπαθεί με έλεγχο των πληροφοριών (π.χ. gatekeepers στις επιστημονικές δραστηριότητες και στα ΜΜΕ) και με άλλες μεθόδους να μην αναγνωριστούν εθνικά ή/και διεθνώς σε μεγάλο βαθμό πρωτοπορίας άριστοι επιστήμονες των ελεγχόμενων κρατών ώστε να μη χάσει το ηγεμονικό κράτος την πρωτοπορία του, μαζί με τα οφέλη που του επιφέρει (π.χ. οικονομικά, κύρους, ισχύος, κ.α.).

Συγκεκριμένα, για παράδειγμα, όταν αξιόλογοι επιστήμονες δημοσιεύουν επιστημονικές εργασίες των είναι δυνατόν να παραποιούνται θεμελιώδεις έννοιες και λέξεις, να αλλάζονται οι αριθμοί παραπομπών στη βιβλιογραφία σημαντικών ανακαλύψεων ώστε να αλλοιώνεται έτσι το όνομα, η προβολή και η πνευματική ιδιοκτησία του δημιουργού των, να παραποιείται το όνομα του συγγραφέως με αποτέλεσμα να μην προβάλλεται ως ο αληθινός δημιουργός της πρωτότυπης επιστημονικής εργασίας, να παραποιούνται λέξεις στο κείμενο ώστε να καταστρέφεται η αλήθεια του κειμένου, να παραλείπονται «κλειδιά» λέξεις και φράσεις ώστε το κείμενο να χάνει την αποτελεσματικότητα του, ή να κάνουν αμέσως δεκτή για δημοσίευση την επιστημονική εργασία αλλά ...να αναβάλλεται για έτη η δημοσίευσή της έως ότου ο συγγραφέας να πάψει να ρωτάει πότε θα δημοσιευθεί, ή να καθυστερεί για έτη η δημοσίευση σε διεθνές περιοδικό έως ότου κάποιο άλλο επιστημονικό άρθρο να δημοσιευθεί με την ίδια έρευνα, ή να χάνονται (ακόμα και συστημένα) γράμματα που στέλνουν για δημοσίευση σε διεθνές επιστημονικό περιοδικό, πρωτότυπο άρθρο (π.χ. ογκολογίας), ή να αρνούνται τη δημοσίευση πρωτοτύπου άρθρου λόγω αντικρουόμενων συμφερόντων (π.χ. άρθρου που προέβλεψε τις αιτίες -π.χ. ανικανότητα διεύθυνσης, κ.α.- για το 3ο μεγαλύτερο πυρηνικό ατύχημα και έχει πολύ καλή επιστημονική κριτική [13]) και συνήθως να μη δίνεται καθόλου επιστημονική αιτιολόγηση παρά μόνο η απόφαση του κριτή ή αιτιολογίες στάνταρτ όπως ότι τα τυπογραφικά λάθη «οφείλονται στον «δαίμονα του τυπογραφείου».

Πολύ σύγχρονη μέθοδος για την ελαχιστοποίηση της προβολής επιστημονικών, εμπορικών και άλλων πρωτοποριακών διεθνώς δραστηριοτήτων, είναι οι πιο δημοφιλείς search engines of INTERNET να μην δέχονται για έρευνα και διεθνή προβολή πολύ σημαντικές επιστημονικές πρωτοπορίες, κ.τ.λ.

Είναι προφανές ότι η στέρηση της προβολής σημαντικών επιστημονικών εργασιών και των δημιουργών τους είναι μια μέθοδος ΠΚΝ σε όφελος π.χ. άλλων κρατών που στη συνέχεια πολυδιαφημίζουν με κάθε τρόπο και με όλα τα ΜΜΕ τα επιστημονικά τους Ιδρύματα και τους Επιστήμονες που ικανοποιούν τα συμφέροντά τους.

3.8.2 Εμπόδια στην δημιουργική εξέλιξη αρίστων επιστημόνων και στην ανάπτυξη επιστημονικών δραστηριοτήτων

Η υπερειδίκευση των επιστημόνων και η ενίσχυση της τάσης των να μην ασχολούνται με σχεδόν τίποτα άλλο επιστημονικά εκτός την υπερειδίκευσή των, σε συνδυασμό με την τάση η επιστημονική έρευνα να εκτιμάται από την ποσότητα παραγωγής (π.χ. το πλήθος δημοσιεύσεων) και όχι από την ποιότητα των ανακαλύψεων έχει ως αποτέλεσμα τις ασφυκτικές προθεσμίες, την υπερβολική εργασία, την «στενοκεφαλιά» (στενότατη αντίληψη) σημαντικών επιστημόνων διότι ψάχνουν για το δένδρο και αγνοούν το δάσος, δηλαδή μελετούν ένα ελάχιστο τμήμα της πραγματικότητας που αντιστοιχεί στην υπερειδίκευσή των και αγνοούν τη συνολική εικόνα της πραγματικότητας. Και το σπουδαιότερο, αποκλείει πολύ σημαντικούς «εγκεφάλους» της επιστημονικής έρευνας από την ενασχόληση με ζωτικούς τομείς της ανθρώπινης ζωής και επιστημών/τεχνολογίας λόγω *ζωτικής ελλείψεως διαθεσίμου χρόνου εκτός της υπερειδίκευσής των.* Τούτο είναι μία μέθοδος ΠΚΝ λόγω αντιπερισπασμού και αδιαφορίας κορυφαίων επιστημόνων για τα θεμελιώδη και τα ζωτικά προβλήματα της ανθρωπότητας.

Μία άλλη αποτελεσματική μέθοδος ΠΚΝ για να στερούν τα έθνη από τα οφέλη που μπορούν να έχουν από τους αρίστους επιστήμονες του έθνους τους, είναι μετά την αποφοίτησή των από τα Πανεπιστήμια, αριστούχοι επιστήμονες αλλά και καθηγητές πανεπιστημίων όταν υπηρετούν τη στρατιωτική των θητεία να υφίστανται «πλήρη εξευτελισμό» της προσωπικότητάς των ως απλοί στρατιώτες ή ως υπαξιωματικοί από σχεδόν αγράμματους υπαξιωματικούς και αξιωματικούς ως συνέπεια των επιρροών από ξένες δυνάμεις που εκμεταλλεύονται τα συμπλέγματα των στρατιωτικών (κυρίως τον εγωισμό των, κ.α.) για να δημιουργηθούν οι σχετικές στρατιωτικές διατάξεις που στατιστικά οι αριστούχοι επιστήμονες και καθηγητές πανεπιστημίων συνήθως υπηρετούν ως απλοί οπλίτες [5].

Επίσης με τη μέθοδο ΠΚΝ που το ελεγχόμενο κράτος προσφέρει ελάχιστες οικονομικές απολαβές και κοινωνική αναγνώριση σε πηγές υψηλής νοημοσύνης και γνώσεων (π.χ. τον αριστούχο επιστήμονα, κ.α.) σε συνδυασμό με τις υποτροφίες, και υψηλές οικονομικές και άλλες απολαβές που προσφέρουν ηγεμονικά κράτη σε αρίστους επιστήμονες έχει ως συνέπεια το γνωστό φαινόμενο της «αποστέρησης εγκεφάλων (Brain drainage)» [28] από τα ελεγχόμενα κράτη όπου οι κορυφαίοι επιστήμονες των κρατών μεταναστεύουν για πάντα στο ηγεμονικό κράτος (που στηρίζει την ηγεμονία του και στην αρχή «Η γνώση είναι ισχύς») όπου στο ηγεμονικό κράτος αναγνωρίζονται, με αποτέλεσμα τα ελεγχόμενα κράτη να μένουν πάντα υποτελή και απλοί πελάτες του ηγεμονικού κράτους και ανίκανα να δημιουργήσουν πρωτοπορία στις επιστήμες και τεχνολογία. Άλλη συνέπεια του παραπάνω φαινομένου της αποστερήσεως των «εγκεφάλων» του Κράτους είναι ότι στα ελεγχόμενα κράτη οι θέσεις «κλειδιά» εργασίας και αποφάσεων καταλαμβάνονται από μετριότητες και ίσως ανθρώπους άμεσα ή/και έμμεσα επιρρεπείς, πολλάκις χωρίς να το καταλαβαίνουν, στις επιδράσεις από ξένα συμφέροντα, (διότι πολλάκις δεν αναγνωρίζουν καν την ύπαρξή των που απαιτεί ικανή νοημοσύνη και σχετικές γνώσεις), με αποτέλεσμα τα εθνικά συμφέροντα των ελεγχόμενων κρατών σε πολλές ζωτικές περιπτώσεις μακροπρόθεσμα, μεσοπρόθεσμα και βραχυπρόθεσμα να καταστρέφονται (ΠΚΝ ανθρώπινου οργανισμού {Κράτος}).

3.8.3 Ψυχολογικός/Ψυχιατρικός πόλεμος σε ανθρώπους υψηλής νοημοσύνης και γνώσεων και σε ανθρώπους που κατέχουν σημαντικές θέσεις εργασίας

Πρωτοπορία στην επιστημονική έρευνα για τον «έλεγχο εγκεφάλου» (Mind control) έχει η C.I.A (μυστική υπηρεσία πληροφοριών των ΗΠΑ), με αρχή ίσως από το πρόγραμμα της MKULTRA, από τις αρχές του 1950, και σε συνεργασία με τον πράκτορά της καθηγητή Ewen Cameron του McGill University, Montreal του Καναδά, για σχετικές ψυχιατρικές έρευνες όπως την ψυχική καθοδήγηση (psychic driving), κ.α. [7],[8],[9],[12],[22],[24],[29],[30].

Μία βασική ιδέα για τον «έλεγχο του εγκεφάλου» σημαντικών προσώπων (αρίστων επιστημόνων, διπλωματών, αξιωματικών, δημοσιογράφων, κ.α.) είναι στον συγκεκριμένο άνθρωπο να εκπέμπουνε (π.χ. στην εργασία του, στην οικία του, στο ξενοδοχείο, στο αμάξι του, κ.λπ.) στο κατώφλιο της ακοής του συγκεκριμένου ανθρώπου, διάφορες ιστορίες, με σκοπό να μπερδευτούν με την σκέψη του και ορισμένες ιστορίες να θεωρηθούν ως δική του σκέψη, με σκοπό να του διαμορφώσουν την αντίληψή του (perception management) στις ερμηνείες των γεγονότων που επιθυμούν, με συνέπεια να επηρεάσουν τις αποφάσεις του και τη συμπεριφορά του.

Η παραπάνω μέθοδος μπορεί να χρησιμοποιηθεί σε συνδυασμό με τεχνικές υπνωτισμού ώστε με έμμεσες εντολές [10] και με μεταυπνωτικές εντολές για την εκτέλεση των σχεδίων τους να γίνει πληρέστερος ο έλεγχος του εγκεφάλου του ανθρώπου. Οι συνέπειες περιορίζονται μόνο από τη φαντασία των ασκούντων τον έλεγχο στον άνθρωπο και μπορεί να φθάσουν έως προκαλούμενη αυτοκτονία ή καταστροφικά για τον άνθρωπο «ατυχήματα». Επιπλέον σε περιπτώσεις επιστημονικής, βιομηχανικής ή στρατιωτικής κατασκοπίας, εκπέμποντας στο κατώφλιο της ακοής του ατόμου, μπορούν να του αποσπάσουν πληροφορίες και ιδέες, αν δεν αντιληφθεί την προηγούμενη μέθοδο ή με τεχνικές ψυχολογίας/ψυχιατρικής να τον αναγκάσουν να συνεργαστεί μαζί τους, με το να εκπέμπουν μία ερώτηση και να του ζητούν π.χ. να κουνήσει ελαφρά το κεφάλι του δεξιά εάν η απάντηση είναι «ναι» ή ελαφρά αριστερά εάν η απάντηση είναι «όχι».

Ακόμα είναι δυνατόν καλά μελετημένες από ψυχολόγους και ψυχιάτρους ιδέες και ερμηνείες γεγονότων (που διαμορφώνουν την αντίληψη για την πραγματικότητα του ατόμου) να υποβληθούν στη σκέψη του ατόμου με τις παραπάνω μεθόδους. Για παράδειγμα μία μέθοδος επιστημονικής κατασκοπίας είναι μυστικές υπηρεσίες βιομηχανικά ανεπτυγμένου κράτους να ηχογραφούν τις συζητήσεις κορυφαίων επιστημόνων σε χώρους όπως εστιατόρια, πανεπιστήμια, ιδιωτικές συζητήσεις σε συνέδρια [18], η ακόμα σε οικίες, με σκοπό να κλέψουν τις καλλίτερες ιδέες και μετά τάχιστα να τις εκπέμψουν ίσως στο κατώφλιο της ακοής φημισμένων επιστημόνων στο κράτος τους (ώστε να τις θεωρήσουν δικές τους ιδέες) με συνέπεια να επιτύχουν πρωτοπορία στην επιστημονική έρευνα, στις επιστημονικές δημοσιεύσεις, στην τεχνολογία και στη οικονομία για το κράτος τους (σε αντίθεση με τους πραγματικούς δημιουργούς της πρωτότυπης ιδέας, που πολλά εμπόδια θα αντιμετωπίζουν στην αναγνώριση και αξιοποίηση των ιδεών τους).

Ομοίως, όπως είναι γνωστό από τον τύπο [19], τεράστιο πλήθος ηλεκτρονικών επικοινωνιών παρακολουθούνται κυρίως από τις ΗΠΑ και είναι δυνατόν, μυστικές υπηρεσίες ηγεμονικών κρατών, να κάνουν κατασκοπεία εναντίων επιστημόνων και να κλαπούν επιστημονικές εργασίες από προσωπικούς ηλεκτρονικούς υπολογιστές που είναι συνδεδεμένοι στο INTERNET και επίσης να σχηματιστεί προφίλ της προσωπικότητάς των και των ενδιαφερόντων τους, από κλοπή πληροφοριών και λέξεις-κλειδιά που χρησιμοποιούν οι επιστήμονες στον προσωπικό τους υπολογιστή που είναι συνδεδεμένος στο INTERNET, όπως και από ανάλυση από ηλεκτρονικούς υπολογιστές των προτύπων της συμπεριφοράς των και ενδιαφερόντων τους από τη χρήση πιστωτικών καρτών, κ.τ.λ. [17], [31]. Επίσης είναι επίσημα ανακοινώσιμο από το Ευρωπαϊκό Κοινοβούλιο [33] ότι τα ISDN τηλέφωνα στα σπίτια, εταιρίες και ανθρώπινους οργανισμούς μπορούν να παρακολουθούν τις ομιλίες στους χώρους των τηλεφώνων *ακόμα και όταν το ακουστικό είναι καλά τοποθετημένο στην θέση του*. Με την εκπομπή ενός monitor signal, είναι τεχνητά δυνατή να γίνει η παρακολούθηση από υπηρεσίες που ευρίσκονται στην Αμερική. Έτσι παραβιάζεται το ιδιωτικό και οικογενειακό απόρρητο των Ελλήνων και Ευρωπαίων πολιτών με τον χειρότερο τρόπο.

Επιπλέον, σοβαρότατος και έγκαιρος προβληματισμός και σχετικά αντίμετρα πρέπει να δημιουργηθούν για τη μελλοντική εισαγωγή, από εταιρίες των Η.Π.Α., λειτουργικών συστημάτων (operating systems) για προσωπικούς ηλεκτρονικούς υπολογιστές συνδεδεμένους στο INTERNET, όπου θα απαιτείται για τη λειτουργία του προσωπικού υπολογιστή η δήλωση όλων των στοιχείων του ιδιοκτήτη του προσωπικού υπολογιστή στην εταιρεία που προσφέρει το λειτουργικό σύστημα και τη δυνατότητα της εταιρείας, ανά πάσα στιγμή, να μπορεί να κλέβει όλες τις πληροφορίες (αρχεία, e-mail, mailing lists, έγγραφα, προγράμματα, κ.α.) από όλους τους ηλεκτρονικούς υπολογιστές στον κόσμο που χρησιμοποιούν αυτά τα λειτουργικά συστήματα ή άλλα επικοινωνιακά προγράμματα του INTERNET (Browsers, cookies, e.t.c). Επίσης η παραπάνω κλοπή πληροφοριών μπορεί να γίνεται αυτόματα και η συνεχής κλοπή των πληροφοριών, από όλο τον κόσμο, να ενημερώνει συνεχώς ένα τεράστιας χωρητικότητας σύστημα διαχειρίσεως βασικών δεδομένων και φυσικά να διανέμει αυτές τις πληροφορίες όπου επιθυμούν οι βασικοί μέτοχοι και διευθυντές των εταιρειών αυτών ή/και η κυβέρνηση των Η.Π.Α.

Ομοίως θεμελιώδες πρόβλημα στην προστασία των προσωπικών πληροφοριών και της αξιοπρέπειας του ανθρώπου είναι η μελλοντική εισαγωγή της αλληλοεπιδρώσης τηλεόρασης (interactive TV), όπου όλοι οι άνθρωποι, σε όλο τον κόσμο, που θα την χρησιμοποιούν *από τη νηπιακή ηλικία πλήρως θα «φακελώνονται»* από τις σχετικές εταιρείες και σχεδόν όλα τα ενδιαφέροντά των και η προσωπικότητά των θα καταγράφονται σε καθημερινή βάση, σε χώρο-χρονική και ανά περίπτωση θεώρηση.

Στις προηγούμενες δύο περιπτώσεις (Computer operating systems, Interactive TV), όπως και σε άλλες περιπτώσεις, από τις εταιρείες που συλλέγουν τις πληροφορίες συντάσσεται με πλήρη λεπτομέρεια προφίλ προσωπικότητας των χρηστών, που καθημερινά ενημερώνεται και μπορεί να χρησιμοποιηθεί για την άμεση ή/και έμμεση εκμετάλλευση ανθρώπων και οργανισμών (κράτη, Ιδιωτικές εταιρείες, κα.).

Επίσης, προσοχή σε οποιαδήποτε επικοινωνιακή συσκευή (π.χ. τηλέφωνο, Fax, Computer, κ.α.) σχεδιάζεται ή προέρχεται από τις Η.Π.Α., διότι είναι έτσι κατασκευασμέ-

νη ώστε να μπορεί η κυβέρνηση και ίσως και ιδιωτικές εται-
ρείες των Η.Π.Α να παρακολουθούν, σε όλη την υφήλιο, τις
πληροφορίες που στέλνει ή δέχεται ο χρήστης λόγω του
νόμου των Η.Π.Α. που υπέγραψε ο πρόεδρος Clinton την 24-
10-1994 τον "The FBI Bill" [17].

Τα παραπάνω προβλήματα είναι *θεμελιώδη* για τα Διεθνή
Ανθρώπινα Δικαιώματα και δεδομένου ότι οποιαδήποτε διεθνής
σύμβαση μπορεί μυστικά να παραβιαστεί από ηγεμονικά κράτη,
νομίζουμε ότι απαιτείται συστηματική και εις βάθος και πλάτος
έρευνα και μελέτη του προβλήματος. Σε επίπεδο Ευρωπαϊκής
Ένωσης η άμυνα στις παραπάνω -και σε άλλες σχετικές περιπτώ-
σεις- νομίζουμε ότι μπορεί να γίνει με αυστηρότατη νομοθεσία
και αποτελεσματική εκτέλεση της σχετικής νομοθεσίας και με
ταυτόχρονη ενίσχυση οργανισμών υπό κρατικό και Ευρωπαϊκής
Ένωσης έλεγχο για τη δημιουργία προγραμμάτων ηλεκτρονι-
κών υπολογιστών σε Ευρωπαϊκό ασφαλές λειτουργικό σύστημα,
ασφαλείς Browsers of INTERNET, Search engines of INTERNET,
ασφαλούς κρυπτογράφησης για το ηλεκτρονικό ταχυδρομείο και
άλλων ασφαλών θεμελιωδών προγραμμάτων ηλεκτρονικών υπο-
λογιστών. Πρέπει έντονα να τονιστεί ότι λόγω της υπάρχουσας
[33] δυνατότητας κλοπής πληροφοριών από επιχειρήσεις και
οργανισμούς των Η.Π.Α. και άλλα κράτη με συνέπεια τεράστιας
αξίας κλοπή επιστημονικών, οικονομικών, κρατικών και άλλων
πρωτοποριακών δραστηριοτήτων και του «φακελώματος» των
ευρωπαίων πολιτών, κ.τ.λ., το σχετικό θέμα πρέπει να γίνει καλά
αντιληπτό και κατανοητό από τα κράτη της Ευρωπαϊκής Ένωσης
και να τύχει ύψιστης προτεραιότητας για σχετικές επιστημονικές
έρευνες, μελέτες, αποφάσεις, νομοθεσία και αποδοτική εφαρμο-
γή της νομοθεσίας, τεχνολογία και ενημέρωση των Ευρωπαίων
Πολιτών, κ.τ.λ.

Με παρόμοιο τρόπο σε διπλωμάτες και αξιωματικούς των
ενόπλων δυνάμεων είναι δυνατόν (π.χ. σε μετεκπαιδεύσεις σε
ξένο Κράτος, κ.α.) εκπέμποντας στο κατώφλιο της ακοής των να
τους εισαγάγουν ιδέες και ερμηνείες γεγονότων που το άτομο να
θεωρήσει ως δικές του και να του διαμορφώνουν την αντίληψη
της πραγματικότητας των (perception management) σύμφωνα
με τα συμφέροντά των ώστε τα άτομα αυτά να πάρουν τις απο-
φάσεις (κυρίως προς τις κατευθύνσεις) που επιθυμούν και να συ-
μπεριφέρονται όπως αυτοί επιθυμούν. Ακόμα, με την παραπάνω

μέθοδο διαχείρισης της αντίληψης του ατόμου είναι δυνατόν να πείσουν με ψυχολογικές μεθόδους προσαρμοσμένες στη προσωπικότητα των ατόμων για παράλογες ερμηνείες της πραγματικότητας με σκοπό να τους τρελάνουν ή/και να δημιουργήσουν προσωρινά ψυχωτικές καταστάσεις στους ανθρώπους αυτούς.

Η παραπάνω τεχνική διαχείρισης της αντίληψης του ατόμου μπορεί να συνδυαστεί με εκπομπή μικροκυματικής ηλεκτρομαγνητικής ακτινοβολίας, ομιλία κατευθείαν στον εγκέφαλο του ανθρώπου (περί της επιστημονικής δυνατότητας μελέτησε π.χ. [11],[12],[15],[16],[23]) που θα κάνουν το άτομο να ακούει «ομιλία» που ίσως θεωρηθεί από τον ιατρικό κόσμο που αγνοεί τις παραπάνω μεθόδους ως παθολογική κατάσταση.

Πολλοί διακεκριμένοι επιστήμονες πήγαν με τις καλλίτερες προθέσεις και ηθική για μεταπτυχιακές σπουδές ή εργασία στο ηγεμονικό κράτος ή σε κράτος ελεγχόμενο από το ηγεμονικό κράτος και ίσως, ακόμα και χωρίς να το γνωρίζουν, έγιναν πειραματόζωα για οικονομικά, επιστημονικά και λοιπά συμφέροντα του ηγεμονικού κράτους.

Είναι γνωστό (π.χ. [8]) ότι ψυχολογικές/ψυχιατρικές μέθοδοι μπορούν να χρησιμοποιηθούν για να καταστρέψουν την επιρροή και κοινωνική αναγνώριση των διαφωνούντων και αυτών που μπορούν να αντιληφθούν και να γνωστοποιήσουν τα καταστρεπτικά σχέδια ηγεμονικών ή ολοκληρωτικών κρατών.

3.8.4 Επιδράσεις ψυχογλωσσολογίας στον ΠΚΝ

Είναι γνωστές οι περιπτώσεις όπου κάποιος λέει πάρα πολλά χωρίς στην ουσία να λέει τίποτα το ουσιαστικό ή όπου κάποιος διαβάζει πλήθος σελίδων ενός γραπτού κειμένου χωρίς να πληροφορείται τίποτα το ουσιώδες. Οι περιπτώσεις αυτές είναι τεχνικές ΠΚΝ και χρησιμοποιούνται και από ορισμένα ΜΜΕ Κρατών για Εθνική ή/και διεθνή επιρροή.

Η καταστροφή της ακριβολογίας, της πληρότητας και της συντομίας της εκφράσεως που αποκρύπτει τις ουσιώδης αρχές, έννοιες και θέματα είναι επίσης τεχνική ΠΚΝ.

Η χρησιμοποίηση λέξεων που δεν ταιριάζουν στη λογική ανάπτυξη του θέματος υπό την έννοια της ακριβολογίας (λέξεις «τσόντες»), που συνηθέστατα χρησιμοποιούνται σε πολυδιαφημισμένα περιοδικά και άλλα έντυπα και στα ΜΜΕ, με σκοπό να ασκήσουν ψυχολογική επιρροή στον αναγνώστη, είναι πολύ βλαβερή τεχνική των ΜΜΕ. Δυστυχώς ο συγγραφέας έχει παρατηρήσει αυτή την τεχνική σε πλήθος επιστημονικών συγγραμμάτων και ορολογίας, ακόμα και σε άρθρα Διευθυντών σε οργανισμούς πυρηνικής ενέργειας, κ.α.

Οι αλλαγή των εννοιών των λέξεων και η στέρηση της γλώσσας από λέξεις που διεγείρουν τη χρήση της νοημοσύνης ή η ελαχιστοποίηση της χρήσεως των λέξεων αυτών είναι βασική τεχνική ΠΚΝ. Για παράδειγμα, ένα πραγματικό τεστ χρήσεως της νοημοσύνης είναι να παρακολουθήσετε συζητήσεις ανθρώπων και να μετρήσετε την συχνότητα χρήσεως της λέξεως «Διότι...» (αρχίζει τη λογική αιτιολόγηση), της λέξεως «Γιατί;» (αρχίζει τη λογική κριτική), της λέξεως «Έχει έννοια;» (αρχίζει τον έλεγχο και την κριτική της αιτιολόγησης) και πραγματικά θα εκπλαγείτε για τα αρνητικά αποτελέσματα για τη νοημοσύνη του κοινού σε ηγεμονικό κράτος και σε παραγωγές ΜΜΕ (φίλμς, κ.τ.λ.) που προέρχονται από ηγεμονικό κράτος, που προσπαθεί, ίσως, να κρατήσει στατιστικά τους πολίτες του στο ελάχιστο επίπεδο λογικής κριτικής με σκοπό να είναι πιο πολύ διανοητικά ελεγχόμενοι από τις επιδράσεις των ΜΜΕ και γενικότερα της κρατικής ροής πληροφοριών.

Η αλλαγή του συναισθηματικού φορτίου λέξεων, με συσχετισμό τους με διαφορετικά συναισθήματα, είναι δυνατόν να επηρεάσει καταστρεπτικά τον συναισθηματικό κόσμο του ανθρώπου (ακόμα και να δημιουργήσει παθολογικές καταστάσεις) και να επηρεάσει άμεσα η/και έμμεσα τη χρήση της νοημοσύνης [15].

Η χρήση λέξεων και ορολογίας πολύ υλιστικού περιεχομένου (πολύ συνηθισμένο στις ΗΠΑ) μπορεί να περιορίσει σημαντικά τη θεωρητική εξέλιξη των επιστημών, της δημιουργικότητας (creativity) σε νέες βασικές ιδέες (concepts), τη φιλοσοφία και ανώτερους διανοητικούς προβληματισμούς με συνέπεια να ενεργεί ως μέθοδος ΠΚΝ. Η ανθρώπινη εξέλιξη δεν μπορεί να γίνει μόνο με την αναγνώριση και αμοιβή σε υλικά αγαθά. Για μακροπρόθεσμη δημιουργική εξέλιξη είναι αναγκαία η αναγνώριση και αμοιβή και των άυλων αγαθών.

Η τροποποίηση των ακριβολογημένων εννοιών των λέξεων π.χ. «δες τι ζέστη κάνει» αντί του ορθού «αισθάνεσαι πολύ ζέστη;» μπορεί να προκαλέσει διανοητική σύγχυση και συνεπώς δρα ως μέθοδος ΠΚΝ.

Επίσης είναι δυνατόν από τη γλωσσική ανάλυση της λογικής αιτιολόγησης ενός κειμένου ή μίας ομιλίας, να εκτιμηθεί η νοημοσύνη του ατόμου (φυσικά διαλέγοντας το κατάλληλο γραπτό και θέμα προς μελέτη).

3.9. Παραβάσεις Δικαίου ενάντια προσώπων δημιουργικής νοημοσύνης

Με τη μέθοδο της συνεχούς ταλαιπωρίας που προκύπτει από παραβάσεις δικαίου ενάντια προσώπων δημιουργικής νοημοσύνης (π.χ. κλοπές, ληστείες, κακοποιήσεις, καταστροφές κινητής και ακίνητης περιουσίας,δυσφημίδες,συκοφαντίες,απάτες,πλαστογραφίες,ψευδομαρτυρίες, υπερβολικούς θορύβους και άλλες μολύνσεις στο περιβάλλον εργασίας ή/και οικίας, αδικίες, σκόπιμη γραφειοκρατία, άρνηση παροχής υπηρεσιών, προβλήματα στη μισθοδοσία, και άλλες παραβάσεις του Δικαίου) δημιουργείται αφόρητη κατάσταση ζωής στον άνθρωπο της δημιουργικής νοημοσύνης, με συνέπεια να είναι αδύνατον η νοημοσύνη του να λειτουργήσει αποδοτικά και, επιπλέον, να αναγκάζεται να ασχολείται με άσχετα προς την εργασία του θέματα (αντιπερισπασμός από τη δημιουργική εργασία), με συνέπεια η μέθοδος αυτή ΠΚΝ να αδρανοποιεί τις ικανότητες και τη νοημοσύνη του ανθρώπου.

3.10. Καταστροφικές δράσεις μυστικών υπηρεσιών και συσχετιζόμενων με αυτές Ιδιωτικών οργανώσεων, κ.τ.λ.

Όλες οι γνωστές και άγνωστες μέθοδοι ψυχολογικού πολέμου και γενικότερα του πολέμου είναι δυνατόν να χρησιμοποιηθούν από τις μυστικές υπηρεσίες κρατών με πιθανό συνδυασμό με συσχετιζόμενες με αυτές διεθνείς ή/και τοπικές οργανώσεις (μυστικές και φανερές) και ιδιωτικά clubs που έχουν επιρροή για να δημιουργήσουν κάθε είδους καταστρεπτικά προβλήματα (ΠΚΝ) σε ανθρώπους που δεν υποτάσσονται στα συμφέροντά τους, με συνέπεια τον αντιπερισπασμό από την κυρία των εργασία, των ανθρώπων δημιουργικής νοημοσύνης και τη μείωση της αποδόσεως της νοημοσύνης των, από τη συνεχή ταλαιπωρία που υφίστανται.

Εθνική νομική προστασία πρέπει να υπάρχει για να αντιμετωπιστούν οι παραπάνω περιπτώσεις που αφορούν το Εθνικό Ανθρώπινο «κεφάλαιο» (Ανθρώπινο δυναμικό υψηλών δημιουργικών προσόντων, κ.τ.λ.).

Στην εποχή της Ενωμένης Ευρώπης η έννοια «Εθνικό» νοείται και με την έννοια των μακροπρόθεσμων, μεσοπρόθεσμων και βραχυπροθέσμων συμφερόντων της Ευρωπαϊκής Ένωσης.

3.11. Καταστροφικές προπαγανδιστικές τακτικές

Μέθοδοι προπαγάνδας μπορούν να χρησιμοποιηθούν για να καταστραφεί ή κοινωνική υπόληψη και αναγνώριση του ανθρώπου(ων). Επίσης, στο συγκεκριμένο κράτος, στα ΜΜΕ πολύ συχνά αγνοούνται οι άνθρωποι υψηλής νοημοσύνης και γνώσεων (π.χ. άριστοι επιστήμονες σχεδόν σ' όλους τους τομείς των επιστημών -εκτός των επιστημών υγείας- ενώ αντιθέτως προωθείται υπερβολικά η διαφήμιση και προβολή πηγών «αποβλακώσεως» (π.χ. τραγουδιστών «σκυλάδικων» τραγουδιών, ηθοποιών προτύπων ανηθικότητας και αποβλακώσεως, κ.τ.λ.)

Με τις παραπάνω μεθόδους ΠΚΝ οι πολίτες του Κράτους οδηγούνται στο να ενδιαφέρονται, να συζητούν και να ασχολούνται μόνο με θέματα πολύ χαμηλής νοημοσύνης και άχρηστων γνώσεων -μορφή αντιεκπαίδευσης από τα ΜΜΕ που εξουδετερώνει και ανατρέπει την εκπαίδευση των ατόμων- ενώ ταυτόχρονα καταστρέφεται ο δημιουργικός προβληματισμός σε θέματα δημιουργικής νοημοσύνης και ωφέλιμων γνώσεων. Επιπλέον, η κοινωνική προβολή των υψηλής νοημοσύνης και γνώσεων ανθρώπων (π.χ. καθηγητών πανεπιστημίου, αρίστων επιστημόνων, κ.α.) ελαχιστοποιείται ενώ ταυτόχρονα μεγιστοποιείται η κοινωνική προβολή των πηγών «αποβλακώσεως» (π.χ. αστρολόγων, ποδοσφαιριστών, κ.τ.λ.).

Είναι επίσης γνωστό ότι με την προπαγανδιστική μέθοδο να παρουσιάζουν τα ΜΜΕ την ακραία εξαίρεση του κανόνα ως τον κανόνα, τα ΜΜΕ παραμορφώνουν την πραγματικότητα ή ακόμα δημιουργούν καταστρεπτική πραγματικότητα που δυσφημίζει και σπάει την εμπιστοσύνη στους δημιουργικούς θεσμούς του κράτους με συνέπεια να καταστρέφεται η κοινωνική αναγνώριση και ο σεβασμός στους υπηρετούντες τους δημιουργικούς θεσμούς του κράτους και συνεπώς να δημιουργείται περιβάλλον που δεν ευνοεί τη χρήση της δημιουργικής νοημοσύνης.

Κλασσικά παραδείγματα ο εξευτελισμός της δικαιοσύνης και της θρησκείας με την εκμετάλλευση από τα ΜΜΕ μεμονωμένων εξαιρέσεων που υπερέβησαν το καθήκον τους και τη δημιουργική ηθική.

3.12. Καταστροφικές επιδράσεις σε οικογένεια και δημιουργική θρησκεία

«Δώστε μου καλλίτερες οικογένειες να σας δώσω ένα καλλίτερο κόσμο»

-Αρχιεπίσκοπος Χριστόδουλος

Ένας πολύ αποτελεσματικός τρόπος ΠΚΝ ενός δημιουργικά νοήμονος ανθρώπου, είναι με διάφορες πρακτικές να προκαλέσουν προβλήματα στην οικογενειακή του ζωή ή ακόμα να προκαλέσουν τη διάλυση της οικογένειάς του. Με αυτή την μέθοδο έχουν αδρανοποιηθεί ακόμα και πολύ δημιουργικοί πρωθυπουργοί, για τα εθνικά συμφέροντα του κράτους τους, π.χ. στον Καναδά.

Οι ψυχοσωματικές συνέπειες της διάλυσης της οικογένειας και τα ψυχοσωματικά και υλικά προβλήματα που δημιουργούνται καταστρέφουν το ενδιαφέρον του ανθρώπου να ασχοληθεί με θέματα υψηλής νοημοσύνης και γνώσεων. Αντιθέτως το αρμονικό και με αγάπη οικογενειακό περιβάλλον, μεγιστοποιεί τη δυνατότητα χρήσεως της νοημοσύνης και της δημιουργικότητας και τη διάθεση προς δημιουργική εργασία και αναπτύσσει ανθρωπιστικά ενδιαφέροντα.

Μία πολύ αποτελεσματική στατιστικά μέθοδος για τη δημιουργία οικογενειακών προβλημάτων και ακόμα για τη διάλυση των στενών διαπροσωπικών δεσμών, είναι στις παραγωγές των

ΜΜΕ, όπου αποκλειστικά τονίζεται -με ποικιλία μεθόδων- πώς να προκαλούνται διαπροσωπικά προβλήματα και ταυτόχρονα προτείνονται μόνο καταστρεπτικές λύσεις για τον διαπροσωπικό δεσμό για να «λυθούν;» (π.χ. ο έντονος τονισμός και η ψυχολογική ευκολία για την δημιουργία διενέξεων στο ζευγάρι, η προβολή της ανηθικότητας ως «εξυπνάδας» στις τηλεοπτικές σαπουνόπερες και στα αναγνώσματα του κοινού ενώ ταυτόχρονα αποκρύπτεται κάθε δημιουργική συνεργατική λύση για το καλό της οικογένειας). Υπάρχουν υπόνοιες για οικονομική σκοπιμότητα των παραπάνω, αφού η διαλυμένη οικογένεια είναι ίσως καλίτερος καταναλωτής από την αγαπημένη οικογένεια (π.χ. αγορά νέων οικιακών συσκευών, επιπλέον έξοδα σε διασκεδάσεις για ανεύρεση νέου συντρόφου, κ.τ.λ. από τη διαλυμένη οικογένεια).

Οι επιδράσεις των ΜΜΕ στη διάλυση των στενών διαπροσωπικών δεσμών μελετάται στο επιστημονικό άρθρο [6].

Με σκοπό να δημιουργηθεί ευνοϊκό περιβάλλον για την ανάπτυξη και χρήση της νοημοσύνης, το έθνος, τα ΜΜΕ και οι οργανισμοί εργασίας, πρέπει να δημιουργήσουν το κατάλληλο περιβάλλον που θα ευνοεί τις δημιουργικές κοινωνικές σχέσεις. Για παράδειγμα, στη Βόρεια Αμερική, από πολλές δεκαετίες πριν, τα πανεπιστήμια, οι ερευνητικοί οργανισμοί και γενικότερα οι οργανισμοί εργασίας φροντίζουν για τις κοινωνικές δραστηριότητες των εργαζομένων (π.χ. δημιουργία συνεστιάσεων, χορών, ομάδων συζητήσεων κ.α.) με συνέπεια να συμβάλουν στην αύξηση της απόδοσης της εργασίας. Σε αντίθεση η τρομοκρατία των ειδήσεων και των φίλμς από τα ΜΜΕ συμβάλλουν στην κοινωνική απομόνωση του ανθρώπου.

Άλλη μέθοδος ΠΚΝ είναι οι προσπάθειες για την καταστροφή δημιουργικής θρησκείας των ανθρώπων, κυρίως με παραγωγές ΜΜΕ που «κοροϊδεύουν» τους πιστεύοντας και τους εκπροσώπους της δημιουργικής θρησκείας (π.χ. Χριστιανισμός) από τους ελέγχοντας άμεσα ή/και έμμεσα τα ΜΜΕ. Η δημιουργική θρησκεία δίδει (εξ ορισμού της δημιουργικής θρησκείας) Αγάπη, Καλή Ελπίδα και δημιουργική πίστη στον θρησκευόμενο και συνεισφέρει με τη δημιουργική της ηθική σε καλλίτερες κοινωνικές σχέσεις και ποιότητα ζωής και είναι ψυχολογικό «σωσίβιο» σε στιγμές απογνώσεως και μπορεί να αποτρέψει ψυχοσωματικές ασθένειες, να ευνοήσει την ανάρρωση από ασθένειες -όπως είναι γνωστό από την ιατρική επιστήμη- και να αποτρέψει ακόμα και από την αυτοκτονία. Γενικότερα ο θρησκευόμενος, στατιστικά, διαμορφώνει αντίληψη (perception management) για ένα καλλίτερο μέλλον και πολλάκις, λόγω αυτής της αντίληψης, «ευρίσκει» το καλύτερο μέλλον και συνεπώς, στατιστικά, είναι πιο ευτυχισμένος από αυτούς που στερούνται των παραπάνω ευεργετημάτων της δημιουργικής θρησκείας.

3.13. Άλλοι μέθοδοι ΠΚΝ

Υπάρχει ποικιλία άλλων μεθόδων καταστροφής της νοημοσύνης που περιορίζονται μόνο από τη φαντασία και τις γνώσεις του ανθρώπου.

4.

Αντίμετρα στον πόλεμο καταστροφής νοημοσύνης

Το πρωταρχικό αντίμετρο στον πόλεμο καταστροφής νοημοσύνης είναι να γίνει αντιληπτός και κατανοητός από τους σχετικούς υπευθύνους, για να ληφθούν τα κατάλληλα μέτρα προστασίας για το έθνος, τους πολίτες και τους ανθρωπιστικούς οργανισμούς που επηρεάζονται ή μπορούν να επηρεαστούν από τον ΠΚΝ.

Σε επόμενο στάδιο πρέπει να δημιουργηθούν και να λειτουργήσουν αποδοτικά οι κατάλληλες οργανωτικές δομές στους σχετικούς με το θέμα του ΠΚΝ οργανισμούς του κράτους και της Ευρωπαϊκής Ένωσης, για να ερευνηθεί σε αρχές και πρακτικές ο ΠΚΝ. Μετά, να μελετηθεί περαιτέρω το θέμα σε συγκεκριμένες περιπτώσεις και ακολούθως να δημιουργηθεί αποδοτική άμυνα ενάντια στον ΠΚΝ με μακροπρόθεσμη, μεσοπρόθεσμη και βραχυπρόθεσμη θεώρηση.

Για τον σκοπό αυτό απαιτείται η δημιουργία διεπιστημονικών επιτροπών με συμμετοχή επιστημόνων των θετικών επιστημών και της τεχνολογίας, επιστημόνων της υγείας (ιατροί, ψυχολόγοι, ψυχίατροι, κ.α.), επιστημόνων του Δικαίου, της Ηθικής, των Διεθνών σχέσεων, της Στρατιωτικής επιστήμης και τεχνικής, της Διεύθυνσης Οργανισμών (Management and Motivations in Organizations) και των Μέσων Μαζικής Επικοινωνίας.

Ακολούθως, η γενική ιδέα για τη δημιουργία αντιμέτρων στον ΠΚΝ είναι να μελετήσουμε τους πιθανούς τρόπους καταστροφής νοημοσύνης και να βρούμε μεθόδους που να προκαλέσουν την αδυναμία εφαρμογής των τρόπων καταστροφής νοημοσύνης ή τουλάχιστον να ελαχιστοποιήσουν την καταστροφή που μπορούν να προκαλέσουν μακροπρόθεσμα, μεσοπρόθεσμα και βραχυπρόθεσμα στο έθνος, στον οργανισμό και στον άνθρωπο.

Επειδή στο παρόν θέμα δεν υπάρχει σχεδόν καθόλου δημοσιευμένη ολοκληρωμένη βιβλιογραφία, βασικός στόχος του παρόντος άρθρου είναι με την παρουσίαση μερικών μεθόδων καταστροφής νοημοσύνης, που τις περισσότερες βίωσε ο συγγραφέας, να δημιουργηθεί το υπόβαθρο για περαιτέρω επιστημονική έρευνα στο θέμα, με σκοπό τη δημιουργία και εφαρμογή νομοθεσίας, νομολογίας και αποφάσεων σε εθνικό και Ευρωπαϊκής Ένωσης επίπεδο που θα ενεργήσουν σαν αντίμετρα στον ΠΚΝ.

Μία άλλη, πολύ αποτελεσματική άμυνα στον ΠΚΝ, είναι η Ευρωπαϊκή Ένωση, το Έθνος, και οι οργανισμοί εργασίας να αναζητήσουν, να βρουν και μετά να εκμεταλλευθούν αποδοτικά, (δίνοντας τα κατάλληλα κίνητρα και αμοιβές κινήτρων (motivation), τους ανθρώπους υψηλής δημιουργικής νοημοσύνης και γνώσεων.

Σε αυτούς πρέπει να δώσουν όλα τα διαθέσιμα μέσα, το κατάλληλο φυσικό και ψυχολογικό περιβάλλον, ευκολίες, προστασία και αναγνώριση ώστε να μεγιστοποιηθεί η πιθανότητα να παίρνουν βέλτιστες(optimum) χώρο-χρονικές και ανά περίπτωση αποφάσεις, σε σχεδόν κάθε περίπτωση κρίσιμου προβλήματος που απασχολεί ή θα απασχολήσει την Ευρωπαϊκή Ένωση, το έθνος και τον οργανισμό. Πρέπει να γίνει προφανές ότι στη σημερινή μας εποχή μόνο «η ισχύς εν τη ενώσει» με την έννοια της συνεργίας(synergy) στην Ευρωπαϊκή Ένωση, όπου το αποτέλεσμα του αθροίσματος των προσπαθειών με συνεργασία, μπορεί να είναι πολύ μεγαλύτερο του αθροίσματος των ανεξάρτητων προσπαθειών των εθνών, σε συνδυασμό με το ότι «η γνώση είναι ζωτική ισχύς» για το μέλλον, -πολιτική που οι Η.Π.Α. έχουν ως πρώτη τους μακροπρόθεσμη προτεραιότητα στην προσπάθεια για αποκλειστικότητα και υπεροχή στην πληροφορία- μόνο η βέλτιστη αξιοποίηση «των πηγών της δημιουργικής νοημοσύνης και γνώσεων» σε εθνικό και Ευρωπαϊκής Ένωσης επίπεδο, μαζί με περαιτέρω έρευνα, μελέτη και άμυνα στον ΠΚΝ, θα μας οδηγήσει σε ευτυχέστερο μέλλον...

5.

Επίλογος

Το αισιόδοξο μήνυμα είναι ότι η δύναμη σημαντικών ανθρωπίνων αποφάσεων, η σχετική γνώση και η πρωτοτυπία (η οποία μπορεί να εξουδετερώσει τις standard operations procedures συστημάτων, κ.α.) είναι δυνατόν να είναι ισχυρότερες και μπορούν να εξουδετερώσουν, ίσως τρισεκατομμύρια δολαρίων καταστρεπτικών εξοπλισμών, κυρίως όταν υποστηρίζονται από τις έννοιες της Ηθικής και του Δικαίου.

Νομίζουμε ότι πρέπει να γίνει κατανοητό και προφανές ότι η μακροχρόνια δημιουργική εξέλιξη του νοήμονος οικοσυστήματος [20] του πλανήτη μας θα είναι δυνατή μόνο εάν οι θεμελιώδεις αποφάσεις που καθορίζουν το μέλλον της ανθρωπότητας μελετώνται και λαμβάνονται από διεπιστημονικές επιτροπές (για να μελετώνται οι συνέπειες σε όλους τους τομείς των γνώσεων και δραστηριοτήτων) που θα απαρτίζονται από κορυφαίους ανθρώπους της δημιουργικής νοημοσύνης και γνώσεων και αναγνωρισμένους για τη δημιουργική των Ηθική και Δίκαιο. Είναι κατανοητό ότι οι αποφάσεις των επιτροπών πρέπει να είναι αιτιολογημένες σε επαρκή βαθμό λογικής και δημιουργικού συναισθήματος και να στηρίζονται πρώτιστα στη λογική δημοκρατία [21] και όχι τόσο στη συμφεροντολογία των διαπραγματεύσεων.

Τέλος, στον τομέα της διάδοσης των πληροφοριών στο κοινό με τα Μέσα Μαζικής Επικοινωνίας η πληροφόρηση δεν πρέπει να παραβαίνει τις αρχές της Ηθικής και Δικαίου, όπως διαμορφώνονται από τις Διεθνείς Αρχές των Ανθρωπίνων Δικαιωμάτων, για να προκύψει, στατιστικά, μια καλλίτερη ποιότητα ζωής (από απόψεων της υγείας, οικογένειας, ηθικής/δικαίου, οικοσυστήματος, πολιτισμού, επιστημών/τεχνολογίας, οικονομίας, δημιουργικών ενδιαφερόντων, ελευθέρου χρόνου, και άλλων παραγόντων) για τις μελλοντικές κοινωνίες...

6.

Ευχαριστίες

Ο Συγγραφέας του παρόντος άρθρου ευχαριστεί τον καθηγητή Α. Γ. Ανδρεόπουλο, Αντιπρύτανη του Εθνικού Μετσόβιου Πολυτεχνείου, τον δόκτορα Χρήστο Αναγνώστου, τον κύριο Παναγή Γεωργίου, την κύρια Θεοδώρα Καρβούνη, τον δόκτορα Αλέξη Κονίδη, τον δόκτορα Θεόδωρο Κουσουρή και την δόκτορα Έφη Κώτου, για την κριτική και σχόλιά τους στο παρόν άρθρο.

7.

Βιβλιογραφία

[1]   «Η δημιουργική νοημοσύνη ως έννομο αγαθό», από τον Ιω-
        σήφ-Χρήστο Κονδυλάκη, δημοσιεύθηκε στο νομικό περιοδι-
        κό «Ποινική Δικαιοσύνη», Οκτ. 1999, σ. 1055 επ.

[2]   «Ένα μοντέλο επί της δομής και λειτουργίας της μνήμης από
        την άποψη της νοημοσύνης», από τον Ιωσήφ-Χρήστο Κονδυ-
        λάκη, Εθνική Βιβλιοθήκη της Ελλάδος, 1983.

[3]   «Συμβολή θεωριών της πληροφορικής και της μαθηματικής
        λογικής στην καλυτέρευση της απονομής της Δικαιοσύνης»,
        από τους Ιωσήφ-Χρήστο Κονδυλάκη και Γεωργία Σακαρέλ-
        λου. Παρουσιάστηκε και δημοσιεύθηκε στα πρακτικά του Β΄
        Συνεδρίου Διοικητικών Δικαστών, Αθήνα, 2 Δεκ.. 1990.

[4]   «Καταστροφή νοημοσύνης και εσχάτη προδοσία», από τον
        Ιωσήφ-Χρήστο Κονδυλάκη, Εθνική Βιβλιοθήκη της Ελλά-
        δος,1997.

[5]   «Ο παράγων της νοημοσύνης στις ένοπλες δυνάμεις και ο
        συσχετισμός του με το πνεύμα του Ποινικού Δικαίου» από
        τον Ιωσήφ-Χρήστο Κονδυλάκη, δημοσιεύθηκε στο νομικό
        περιοδικό «επετηρίδα Αρμενόπουλος», 1999, σ. 141 επ.

[6]   «Media effects as a factor of breaking close relationships",
        by Joseph-Christos Kondylakis, National Library of Greece,
        1999.

[7]   «The search for the Manchurian candidate: The CIA and
        Mind control, The secret history of behavioral sciences, by
        John Marks, 1991, Norton press.

[8]   «Αντιπολιτευτική Ψυχιατρική» από τον Δρ. Κλεάνθη Γρίβα,
        1989, εκδόσεις Ιανός, Θεσ/νικη.

[9]   «Opinion of George Cooper, Q.C. Regarding Canadian Gov-
        ernment Funding of Allan Memorial Institute, in the 1950's
        and 1960's» (Prof. Ewen Cameron and the CIA brainwash-

ing experiments at McGill University in Canada) edition of Department of Justice of Canada, Ottawa, Ontario, Canada K1A0H8 and «I swear by Apollo: Dr Ewen Cameron and the CIA brainwashing experiments" by Don Gillmor, 1987, Eden Press.

[10]   "Hypnotic realities" by Dr Milton Erickson et al, 1976, Irvington publishers.

[11]   «Βιολογικές επιδράσεις της ηλεκτρομαγνητικής ακτινοβολίας» από τον Επικ. Καθηγητή Κ. Θ. Λιολιούση, της Ηλεκτρονικής Φυσικής του Πανεπιστημίου Αθηνών, 1997, εκδόσεις Δίαυλος. Στις σελίδες 51-53 εμφανίζεται η δυνατότητα προκλήσεως τεχνητής καρδιακής ανακοπής, και στις σελίδες 55-56 εμφανίζεται η δυνατότητα εκπομπής «φωνών» απευθείας στον ανθρώπινο εγκέφαλο, με μικροκυματική παλμική ακτινοβολία).

[12]   «Πόλεμος Καταστροφής Νοημοσύνης και νομική προστασία» από τον Ιωσήφ-Χρήστο Κονδυλάκη, 2000, Εθνική Βιβλιοθήκη της Ελλάδος (και σχετική μήνυση στην Εισαγγελία του Αρείου Πάγου).

[13]   «Some uncommon but very critical aspects of nuclear safety" by Joseph-Christos Kondylakis, 1983/1997/2001, Εθνική Βιβλιοθήκη της Ελλάδος και στον Διεθνή Οργανισμό Ατομικής Ενέργειας, στον ΟΗΕ και σε Πρεσβείες Κρατών στην Αθήνα κ.α.

[14]   «Σκέψεις πάνω στη βασική εξίσωση απόδοσης εργασίας» από τον Ιωσήφ-Χρήστο Κονδυλάκη, δημοσιεύθηκε στη εφημερίδα «Η Καθημερινή» της Κυριακής, 15 Οκτωβρίου 2000, σ. 74.

[15]   «Μία επίδραση της σημειολογίας στην ψυχολογία και στην ψυχιατρική» από τον Ιωσήφ-Χρήστο Κονδυλάκη, Εθνική Βιβλιοθήκη της Ελλάδος, 1989.

[16]   «The zapping of America: Microwaves, their deadly risks and the cover-up» by Paul Brodeur,1977, Norton press.

[17]   «The end of privacy», by Charles J. Sykes,1999, St Martin press.

[18]   «Confidential» (Κατασκοπία επιστήμης και εμπορίου), by John Nolan, 1999, Harper Business publication.

[19]   «Big brother, NSA, and its little brothers», by Terry L. Cook,1998, SCM publishing.

[20]   «Theory of evolution of an intelligent ecosystem», by Joseph-Christos Kondylakis, "Acta Biotheoretica",1997, 45(2), p. 181-182.

[21]   «Logical Democracy», by Joseph C. Kondylakis, National Library of Greece.

[22]   «Psychic dictatorship in the USA», by Alex Constantine,1995, Feral House publishing.

[23]   «Auditory perception of radio-frequency electromagnetic fields», by Chung-Kwang Chou & Arthur W Guy, Journal of Acoustic Society of America, June 1982, p. 1321-1334.

[24]   «Psychiatry and the CIA: Victims of Mind Control» by Harvey M. Weinstein, M.D., American psychiatric press,1990.

[25]   «Motivation and leadership at work», by Dr R.M. Steers et al,1996, McGraw Hill.

[26]   «Media effects-advances in theory and research», by Dr Jenning Bryant (Edt),1994, Lawrence Erlbaum Associates publishing.

[27]   «Human factors in Engineering and Design», by Dr M.S. Sanders et al, 1992, McGraw Hill.

[28]   «The Knowledge revolution- an analysis of the international brain market», by Dr D.N. Chorafas, 1968, McGraw Hill.

[29]   «Mass control: Engineering Human consiousness», by Jim Keith, 1999, IlluniNet press.

[30]   «Τεχνολογία υποταγής συνειδήσεων», από Δημήτρη Ευαγγελόπουλο, 2000, εκδόσεις Έσοπτρον.

[31]   "Corporate espionage" by Ira Winkler, 1997, Prima publisher.

[32]   Internet site: www.ncmr.gr/Kondylakis.html.

[33]   "Development of surveillance technology and risk of abuse
         of economic information" (98/14/01), from European Parlia-
         ment, Scientific & Technological Option & Assessment. Inter-
         net site: www.europarl.eu.int/stoa/publi/default_en.htm.

[34]   Additional relevant scientific articles exist at the INTERNET
         address: www.ncmr.gr/Kondylakis/index.html.

[35]   Σχετικά είναι και τα ακόλουθα, η μήνυσή μου προς την
         Εισαγγελία του Αρείου Πάγου με αριθμό πρωτοκόλλου
         8081/5 Νοεμβρίου 1998 και η μήνυσή μου προς την Ει-
         σαγγελία Πρωτοδικών Αθηνών με αριθμό πρωτοκόλλου
         ΙΒ2010/6120 και ο φάκελος μου εις την Ελληνική Επιτροπή
         «Ατομικής» (ΠΥΡΗΝΙΚΗΣ) Ενεργείας με αριθμό πρωτοκόλλου
         8800/5-Ιουλίου-2017.

IIa.

ΠΟΙΝΙΚΗ ΔΙΚΑΙΟΣΥΝΗ

ΜΗΝΙΑΙΑ ΕΚΔΟΣΗ

ΙΔΡΥΤΗΣ - ΔΙΕΥΘΥΝΤΗΣ	**Ιάκωβος Ι. Φαρσεδάκης**
ΣΥΝΤΑΚΤΙΚΗ ΕΠΙΤΡΟΠΗ	**Γεώργιος Αρβανίτης**, τ. *Αντεισαγγελέας Αρείου Πάγου* **Αντώνης Δ. Μαγγανάς**, *Καθηγητής* **Ιάκωβος Ι. Φαρσεδάκης**, *Καθηγητής*

ΤΑΚΤΙΚΟΙ ΣΥΝΕΡΓΑΤΕΣ

Ειρήνη Αθανασίου, *Δικηγόρος, ΜΔ Ποιν. Επιστημών Πανήμιου Αθηνών*

Στέργιος Αλεξιάδης, *Καθηγητής*

Αντώνης Αστρινάκης, *Επικ. Καθηγητής*

Candido Da Agra, *Καθηγητής, Πανεπιστήμιο Porto, Πορτογαλλία*

Δημήτρης Βλάσσης, *Δικηγόρος, Κέντρο για την Πρόληψη του εγκλήματος και την Ποινική Δικαιοσύνη, Ηνωμένα Έθνη, Βιέννη*

Pierre - Henri Bolle, *Καθηγητής, Πανεπιστήμιο Neuchâtel, Ελβετία*

Jacques Borricand, *Καθηγητής, Πανεπιστήμιο Aix-Marseille, Γαλλία*

Henri Bosly, *Καθηγητής, Πανεπιστήμιο Louvain, Βέλγιο*

Willy Bruggeman, *Βοηθός Συντονιστή της Μονάδας Ναρκωτικών της Europol, Δρ. Εγκληματολογίας και Στατιστικής του Πανήμιου Βρυξελλών*

Κυριακή Γρηγορίου, *Πάρεδρος ΝΣΚ, DEA Droit Public Paris I*

Maurice Cusson, *Καθηγητής, Πανεπιστήμιο Montreal, Καναδάς*

Νικόλαος Γ. Δημητράτος, *ΔΝ, Δικηγόρος*

Jan van Dijk, *Καθηγητής, Διευθυντής Στρατηγικών Μελετών Υπουργείου Δικαιοσύνης Ολλανδίας*

Χριστίνα Ζαραφωνίτου, *Επικ. Καθηγήτρια*

Ανδρέας Ζύγουρας, *Αντεισαγγελέας Εφετών*

Umberto Gatti, *Καθηγητής, Πανεπιστήμιο Genova, Ιταλία*

Παναγιώτης Καίσαρης, *Αντεισαγγελέας Εφετών*

Πέτρος Κακκαλής, *Αρεοπαγίτης*

Δημήτριος Καλογερόπουλος, *Ομ. Διευθυντής Ερευνών του Εθνικού Κέντρου Επιστημονικών Ερευνών, Γαλλία, Καθ. και Διευθυντής του Κέντρου Κοινωνιολογίας του Δικαίου και της Δικαιοσύνης, Πανήμιο Βρυξελλών, Βέλγιο*

Λάμπρος Καράμπελας, *Αν. Καθηγητής, Εισαγγελέας Εφετών*

Ηλίας Καστανάς, *Δικηγόρος, ΔΝ, Ερευνητής στο ΙΜΔΑ*

Νικόλαος Κουλούρης, *Υπ. Διδ. Εγκληματολογίας*

Γιάννης Κτιστάκις, *Δικηγόρος, LLM, DEA Πολιτικών Επιστημών, Ερευνητής στο ΙΜΔΑ*

Έφη Λαμπροπούλου, *Επίκ. Καθηγήτρια*

Αικατερίνη Μάτσα, *Ψυχίατρος, Επιστημονική Υπεύθυνη Μονάδας Απεξάρτησης Τοξικομανών 18 ΑΝΩ*

Gaëtan Di Marino, *Καθηγητής, Πανεπιστήμιο Aix-Marseille, Γαλλία*

Γεώργιος Π. Νικολόπουλος, *Δρ. Εγκληματολογίας, Δικηγόρος*

Εμμανουήλ Νόνας, *Ιατροδικαστής Α', Προϊστάμενος Ιατροδικαστικής Υπηρεσίας Αθηνών*

Πελαγία Παπαζαχαρίου, *Καθηγήτρια, Πανεπιστήμιο Columbia ΗΠΑ*

Ευστράτιος Παπαθανασόπουλος, *ΔΝ, Αντεισαγγελέας Πρωτοδικών*

Θεόδωρος Παπαθεοδώρου, *Επίκ. Καθηγητής*

Αγάπιος Παπανεοφύτου, *Επίκ. Καθηγητής*

Χάρης Παπαχαραλάμπους, *ΔΝ, Δικηγόρος*

Χαράλαμπος Πουλόπουλος, *Διευθυντής του ΚΕ.Θ.Ε.Α.*

Γεώργιος Ρήγος, *Αρεοπαγίτης*

Francesco Sclafani, *Καθηγητής, Πανεπιστήμιο Napoli, Ιταλία*

Ευγένιος Τριβιζάς, *Καθηγητής, Πανεπιστήμιο Reading, Αγγλία*

Αγλαΐα Τσήτσουρα, *πρ. Διευθύντρια Εγκληματολογικού Τμήματος του Συμβουλίου της Ευρώπης, Ομ. Καθηγήτρια, Πανήμιο Βρυξελλών, Βέλγιο*

Ιωάννα Τσίγκανου, *ΔΝ, Ερευνήτρια Εθνικού Κέντρου Κοινωνικών Ερευνών*

Όλγα Τσόλκα, *ΔΝ, Δικηγόρος*

Irvin Waller, *Καθηγητής, Γεν. Διευθυντής Διεθνούς Κέντρου για την Πρόληψη του εγκλήματος, Μόντρεαλ*

Ανδρέας Φάκος, *Εισαγγελέας Εφετών*

Ανθοζωή Χάϊδου, *Αν. Καθηγήτρια*

ΕΚΔΟΤΗΣ	**Χάρης Καρατζάς**
ΕΚΜΕΤΑΛΛΕΥΣΗ - ΔΙΑΧΕΙΡΙΣΗ	**ΝΟΜΙΚΗ ΒΙΒΛΙΟΘΗΚΗ ΑΕΒΕ** *Μαυρομιχάλη 51, 106 80 Αθήνα, Τηλ. 3600968, 3605448, Fax 3636422* *e-mail: legalinn@otenet.gr*
ΕΠΙΜΕΛΕΙΑ ΕΚΔΟΣΗΣ	**Λίλα Καρατζά**, *Δικηγόρος, HRM*
ΔΙΟΡΘΩΣΕΙΣ - ΕΥΡΕΤΗΡΙΑ	**Μ. Γεωργιάδου, Θ. Στίγκας, Κ. Χατζηκωνσταντή**, *Δικηγόροι*
ΟΙΚΟΝΟΜΙΚΟΣ ΣΥΜΒΟΥΛΟΣ	**Ανδρέας Καλλιγάς**
ΠΡΟΪΣΤΑΜΕΝΟΣ ΜΗΧΑΝΙ/ΦΗΣΗΣ	**Θανάσης Καρατζάς**
DESKTOP PUBLISHING	**Ρούσσα Πετράτου, Έφη Κυπραίου, Θεώνη Χαραλαμπάκη**

ISSN 1108-2755

ΕΤΗΣΙΑ ΣΥΝΔΡΟΜΗ   Φυσικά πρόσωπα, Δρχ. 20.000 • Φοιτητές, Δρχ. 14.000 • Νομικά πρόσωπα, Δρχ. 35.000 • Οργανισμοί - Τράπεζες, Δρχ. 45.000 • Δικηγορικοί Σύλλογοι, Δρχ. 30.000 • Εξωτερικού, 300 $ • Τιμή Τεύχους, Δρχ. 2.500

«Εσώφυλλο του νομικού περιοδικού που δημοσιεύθηκε το άρθρο «Η δημιουργική νοημοσύνη ως έννομο αγαθό», τον Οκτώβριο του 1999

IIβ.

Θ΄ ΕΠΙΣΤΟΛΕΣ ΑΝΑΓΝΩΣΤΩΝ

Θέμα: Η δημιουργική νοημοσύνη ως έννομο αγαθό

Τα πάντα στον αισθητό μας κόσμο εξαρτώνται από τους νόμους της φύσεως, από την «τύχη» και από τις αποφάσεις των ανθρώπων και των ζώων.

Από τους παραπάνω παράγοντες συνάγεται ότι η Ανθρώπινη σκόπιμη επίδραση σε γήινο ή εξωγήινο σύστημα, στηρίζεται στην λήψη αποφάσεων και στην εκτέλεσή τους. Ακολούθως, η κατάλληλη για τις χωρο-χρονικές ανάγκες εκλογή ενός συνόλου στόχων και η βέλτιστη επίτευξη του συνόλου των στόχων είναι βασική συνάρτηση των Ανθρώπινης νοημοσύνης και της νοημοσύνης των Ανθρωπίνων Οργανισμών.

Η βέλτιστη επίτευξη ενός συνόλου στόχων προσεγγίζεται με βέλτιστες χωρο-χρονικά αποφάσεις. Ως βέλτιστη απόφαση νοούμε την απόφαση εκείνη που μεγιστοποιεί την εκπλήρωση ενός συνόλου στόχων χωρο-χρονικά και ταυτόχρονα όμως εξασφαλίζει την εκπλήρωση των περιορισμών που έχουν τεθεί στο εν λόγω σύνολο των στόχων.

Ως βασική συνάρτηση ενός συνόλου, τα μέλη του οποίου εξαρτώνται από ορισμένους παράγοντες, εννοούμε την αντιστοιχία που εκλέγει το σύνολο εκείνο των παραγόντων που επηρεάζει τα μέγιστα τα μέλη του αρχικού μας συνόλου.

Ως Ανθρώπινη νοημοσύνη νοούμε, στο παρόν άρθρο, τη διαδικασία λύσεως προβλημάτων (επιστημονικά, κοινωνικά, νομικά κ.τ.λ.) και/ή τη μη τυχαία επιλογή μίας βέλτιστης (optimum) επιλογής σε πρόβλημα αποφάσεως με τη χρήση ενός αλγορίθμου, ο οποίος μπορεί να περιλαμβάνει λογικές διαδικασίες, σαν την επαναληπτική διαδικασία ερωτήσεων (Γιατί; Διότι...., Έχει έννοια;) για τις αιτίες που πρέπει να κατανοηθούν [1],[2],[3].

Ως νοημοσύνη Ανθρώπινου οργανισμού νοούμε την απόδοση σε λύση προβλημάτων, με την έννοια των βελτίστων χωρο-χρονικά αποφάσεων και εκτέλεσή τους. Η νοημοσύνη ανθρώπινου οργανισμού είναι βασική συνάρτηση της νοημοσύνης των ανθρώπων που μετέχουν στον οργανισμό, της δομής (π.χ. ιεραρχικής, επιτροπών, κ.λπ.) του δικτυώματος των αποφάσεων, των διαθεσίμων πληροφοριών και της ποιότητάς τους, του ψυχολογικού περιβάλλοντος και των διαθέσιμων πόρων. Ως οριακή περίπτωση της νοημοσύνης Ανθρώπινου οργανισμού μπορούμε να θεωρήσουμε την περίπτωση που ο οργανισμός έχει μόνο έναν άνθρωπο, οπότε τότε οδηγούμεθα στην Ανθρώπινη νοημοσύνη.

Ως δημιουργική νοημοσύνη νοούμε εκείνη που δίνει δημιουργικές λύσεις σε προβλήματα, με την έννοια ότι συμβάλλει στη διατήρηση ή δημιουργία τάξεως και αρμονίας σε καθορισμένο σύστημα και έτσι μπορεί να νοηθεί και υπό την έννοια της μειωμένης θερμοδυναμικής εντροπίας [2].

Στα πλαίσια της νέας εποχής και της σύγχρονης «κοινωνίας κινδύνου» (Risikogesellschaft)[4], η έννοια και λειτουργία του εννόμου αγαθού στο πλαίσιο των νέων δεδομένων, λαμβάνοντας υπό σκέψη την προσέγγιση του Birnbaum[5] όπου τα αγαθά νοούνται ως «πρόσωπα ή πράγματα» νομίζουμε ότι η νοημοσύνη πρέπει να θεωρηθεί μεταξύ των βασικών χαρακτηριστικών του προσώπου. Τούτο επιβεβαιώνεται και από τη ψυχολογία της διανόησης (cognitive psychology) του ανθρώπου [6], [7]. Το επιχείρημα αυτό σε συνδυασμό με την έννοια της δημιουργικής νοημοσύνης που αναφέρθηκε ανωτέρω και το νέο ορισμό δικαίου που προτάθηκε στην εργασία [2], μας οδηγούν να δεχθούμε τη δημιουργική νοημοσύνη ως ένα έννομο αγαθό με την αξιολογική έννοια.

Η θεμελιώδης αρχή του σεβασμού και της προστασίας της αξίας του Ανθρώπου (άρθρο 2 Σ), αλλά και η όλη προστασία της έννομης τάξης ως και η Δημιουργική εξέλιξη του Κράτους είναι άμεσα εξαρτόμενες από την Ανθρώπινη δημιουργική νοημοσύνη και τη Δημιουργική νοημοσύνη των Ανθρωπίνων οργανισμών που συμμετέχουν στις παραπάνω ενέργειες, με συνέπεια να γίνει προσφανής η σημασία της νομικής προστασίας των αγαθών της Ανθρώπινης δημιουργικής νοημοσύνης και της Δημιουργικής νοημοσύνης των Ανθρωπίνων οργανισμών.

Στον τομέα των Διεθνών Σχέσεων [8] και του Δημοσίου συμφέροντος [9] παρατηρούνται περιπτώσεις πολέμου καταστροφής δημιουργικής νοημοσύνης, όπου κάποια πρόσωπα ή/και οργανισμοί ή/και κράτη επιχειρούν να έχουν υπό τον έλεγχό τους άλλα πρόσωπα ή/και οργανισμούς ή/και Κράτη για λόγους οικονομικούς, εθνικούς, θρησκευτικούς, πολιτικούς κ.λπ., γεγονός το οποίο ενισχύει την άποψη ισχυρής ποινικοποιήσεως των ανωτέρω περιπτώσεων.

Ως πόλεμο καταστροφής νοημοσύνης νοούμε τη με δόλο ή με εγκληματική αμέλεια καταστροφή μερικώς ή ολικώς, προσωρινά ή μόνιμα της νοημοσύνης Ανθρώπου ή/και ενός Ανθρωπίνου οργανισμού. Ο ανωτέρω πόλεμος μπορεί να γίνει σε επίπεδα φυσικού προσώπου, νομικού προσώπου, Έθνους και Κράτους. Στη βαρυτατή του μορφή νομίζουμε ότι μπορεί να φθάσει έως του εγκλήματος της εσχάτης προδοσίας [10].

Οι συνέπειες καταστροφής δημιουργικής νοημοσύνης οργανισμού, με π.χ. εκλογή σε θέσεις «κλειδιά» εργασίας, ανθρώπων χαμηλής δημιουργικής νοημοσύνης, ως και καταστροφής δημιουργικής νοημοσύνης του κοινωνικού συνόλου (με δυνατότητα εμμέσου ελέγχου της συμπεριφοράς του, ήτοι «ρομποτοποίηση» ανθρώπων), με π.χ. καταστροφικές παραγωγές των μέσων μαζικής επικοινωνίας, μπορεί να είναι ολέθριες για το Κράτος σε επίπεδο εθνικό, διεθνές [11], οικονομικό, πολιτιστικό, κοινωνικό κ.λπ.

Μερικοί εκ των τρόπων καταστροφής νοημοσύνης είναι:

- έλλειψη κινήτρων και αμοιβής κινήτρων για ανάπτυξη δημιουργικής νοημοσύνης,
- έλλειψη ή καταστροφή ποιότητας γνώσεων (εκπαίδευση, πληροφόρηση κ.λπ.),
- έλλειψη ή καταστροφή δημιουργικής ιεραρχίας οργανισμών (π.χ. αναξιοκρατία, ανηθικότητα κ.λπ.),
- καταστροφικές παραγωγές μέσων μαζικής επικοινωνίας,
- καταστροφικά για τη δημιουργική νοημοσύνη οικοσυστήματα εργασίας και διαβιώσεως,
- καταστροφικές κρατικές πολιτικές (γραφειοκρατία, χρονοβόρες διαδικασίες, ρουσφετολογία, αναξιοκρατία κ.λπ.),
- καταστροφικές μισθολογικές νομοθεσίες για δημιουργική νοημοσύνη,
- ψυχολογικές/ψυχιατρικές επεμβάσεις προσωπικά και στο κοινωνικό σύνολο,
- παραβάσεις Δικαίου ενάντια προσώπων δημιουργικής νοημοσύνης,
- καταστροφικές δράσεις μυστικών υπηρεσιών και συσχετιζομένων ιδιωτικών υπηρεσιών κ.λπ.
- καταστροφικές προπαγανδιστικές τακτικές,
- καταστροφικές επιδράσεις σε οικογένεια και δημιουργική θρησκεία κ.λπ.

Το θέμα της εννόμου προστασίας της δημιουργικής νοημοσύνης δυστυχώς ίσως πολύ σπάνια συζητείται στην ελληνική βιβλιογραφία σε αντίθεση με τη ξένη βιβλιογραφία. Από τον Β΄ Παγκόσμιο πόλεμο και μετά, το κρατικό ενδιαφέρον, οι διευκολύνσεις και η προστασία, εν ευρεία έννοια, πρωτοπόρων (από το φοιτητικό επίπεδο) και κορυφαίων επιστημόνων ανεπτυγμένων Κρατών, αποτελεί κύρια προτεραιότητα του Κράτους κυρίως για κρίσιμους τομείς οικονομικού, επιστημονικού, στρατηγικού ενδιαφέροντος (π.χ. πρωτοποριακοί επιστήμονες πληροφορικής, γεννετικής, πυρηνικής φυσικής, ιατρικής και γενικότερα σε όλες τις πρωτοπορίες επιστημών, τεχνολογίας, πολιτισμού κ.λπ.).

Από τους παραπάνω εκτεθέντες προβληματισμούς και τη Διεθνή εμπειρία ανεπτυγμένων Κρατών συνάγεται ότι η προστασία της Δημιουργικής νοημοσύνης των υπηκόων και Ανθρωπίνων οργανισμών του Κράτους πρέπει να είναι κύριο μέλημα των προστατευτικών μηχανισμών του Κράτους για να μπορέσει αυτό να επιβιώσει και να αναπτυχθεί στην Διεθνή σκηνή.

Βιβλιογραφία

[1] Ι.-Χ. Κονδυλάκης, «Ένα μοντέλο επί της δομής και λειτουργίας της μνήμης από την άποψη της νοημοσύνης», Εθνική Βιβλιοθήκη της Ελλάδος, 1982.

[2] Ι.-Χ. Κονδυλάκης, Γ. Σακαρέλλου, «Συμβολή θεωριών της πληροφορικής και της μαθηματικής λογικής στην καλυτέρευση της απονομής της δικαιοσύνης», Πρακτικά Β΄ Συνεδρίου Διοικητικών Δικαστών, Αθήνα Δεκ. 1990, σελ. 162 επ.

[3] J.-C. Kondylakis, «Theory of evolution of an Intelligent Ecosystem», Acta Biotheoretica, 45(2), 1997, pp.181-182.

[4] U. Beck, «Risikogesellschaft. Auf dem weg in eine andere Moderne», 1986, in N. Κουράκη (επιμ.), Αντεγκληματική πολιτική, Αθήνα 1994 (άρθρο Ν. Δημητράτου: Όψεις της σύγχρονης προβληματικής στη θεωρία και πρακτική του ποινικού δικαίου, σελ. 142 σημ. 3).

[5] Birnabaum, «Über das Enfordernibeiner Rechtverletzung zum Begriffe des Verbrechens, mit besondener Rucksicht auf den Begriff der Ehrenkränkung, Archiv des criminalrecht, N.F., 1834, σελ. 149 επ.

[6] M.W. Eysenck, M.T.Keane, «Cognitive Psychology» Erlbaum (UK) Taylor & Francis press, 1995.

[7] K. Haberlandt, «Cognitive Psychology», Allyn and Bacon press, 1994.

[8] J.C. Goldstein, «International relations», Hamper Collins press, 1994.

[9] Α.Ι. Τάχος, «Δίκαιο της Δημόσιας Τάξης», εκδ. Σάκκουλα, 1990.

[10] Ι.-Χ. Κονδυλάκης, «Καταστροφή Νοημοσύνης και Εσχάτη Προδοσία», 1997 και Σημειώσεις επί του άρθρου της 9.12.1997, Εθνική Βιβλιοθήκη της Ελλάδος.

[11] Α. Παπαδαμάκης, «Προσβολές κατά της διεθνούς κρατικής υπόστασης», εκδ. Σάκκουλα, 1995.

Ιωσήφ - Χρήστος Κονδυλάκης,
Πυρηνικός Φυσικός / Ειδικός Πληροφορικής

Άρθρο του συγγραφέα με τίτλο "Η δημιουργική νοημοσύνη ως έννομο αγαθό", το οποίο δημοσιεύθηκε ως "Επιστολή αναγνωστών" στο νομικό περιοδικό "Ποινική Δικαιοσύνη".

III.

ΠΟΙΝΙΚΟΥ ΔΙΚΑΙΟΥ ΘΕΩΡΗΣΗ ΤΟΥ ΠΟΛΕΜΟΥ ΓΙΑ ΤΗΝ ΚΑΤΑΣΤΡΟΦΗ ΤΗΣ ΝΟΗΜΟΣΥΝΗΣ

Από τον Ιωσήφ-Χρήστο Κ. Κονδυλάκη, Ε.Κ.Θ.Ε. ,19013 Αττική, φαξ 22910-763223, Τετάρτη, 15-Ιαν (1)-2003

Περίληψη: Το παρόν άρθρο είναι μια επιστημονική ερευνητική εργασία, που ως συνέχεια των προηγουμένων σχετικών άρθρων του ιδίου συγγραφέως «Η νοημοσύνη ως έννομο αγαθό»,1999 – «Πόλεμος καταστροφής της νοημοσύνης και νομική προστασία»,2000 – «Πόλεμος για την καταστροφή της νοημοσύνης»,2001 προσπαθούν σε θεωρητικό και πρακτικό σκεπτικισμό να θεμελιώσουν την *ζωτική* ανάγκη για το έθνος και για το Κράτος Δικαίου να ενεργοποιούνται οι μηχανισμοί προστασίας του Δικαίου και οι σχετικοί των οργανισμοί για την προστασία από καταστροφή(ες) της ανθρώπινης νοημοσύνης και της νοημοσύνης των ανθρωπίνων οργανισμών, διότι από αυτούς άμεσα εξαρτώνται η *ποιότητα* των αποφάσεων και συνεπώς η ευημερία του Έθνους και η ποιότητα ζωής του πολίτη(ων)...

Ως *Πόλεμο Καταστροφής Νοημοσύνης* (ΠΚΝ) νοούμε τη με δόλο ή με εγκληματική αμέλεια καταστροφή μερικώς ή ολικώς, προσωρινά ή μόνιμα της νοημοσύνης Ανθρώπου(ων) ή/και Ανθρώπινου οργανισμού(ων). Ο ανωτέρω πόλεμος μπορεί να γίνει σε επίπεδο φυσικού προσώπου, νομικού προσώπου, Έθνους και Κράτους. Στην βαρύτατη του μορφή νομίζουμε οτι μπορεί να φθάσει έως του κακουργήματος της προδοσίας του Έθνους και επίσης του κακουργήματος της εσχάτης προδοσίας.[Κονδυλάκης 1999, Κονδυλάκης 1997].

Ως Ανθρώπινη νοημοσύνη νοούμε, στο παρόν άρθρο, την υπάρχουσα δυνατότητα για την διαδικασία λύσεως προβλημάτων(επιστημονικά, νομικά, κοινωνικά, θεωρητικά, πρακτικά, κτλ.) ή/και για την *μη* τυχαία επιλογή μίας βέλτιστης(optimum) επιλογής σε πρόβλημα αποφάσεως, με την χρήση ενός αλγορίθμου, ο οποίος μπορεί να περιλαμβάνει λογικές διαδικασίες, σαν την ν-κύκλων επαναληπτική διαδικασία ερωτήσεων {Γιατί;, Διότι..., Έχει έννοια; }για τις αιτίες που πρέπει να κατανοηθούν. Κονδυλάκης 1982, Κονδυλάκης+Σακαρέλλου 1990, Κονδυλάκης 1997.

Ο Πόλεμος Καταστροφής Νοημοσύνης εναντίων Ανθρώ-
που(ων) ή/και Ανθρωπίνου Οργανισμού μπορεί να επιφέρει με-
ταξύ άλλων(διότι καταστρέφει την ικανότητα λήψεως νοημόνων
σχετικών αποφάσεων και διότι με δόλο (ή εγκληματική αμέλεια)
ηλιθιοποιεί τον Άνθρωπο ή/και τον Ανθρώπινο Οργανισμό):

1. Καταστροφή στο έννομο αγαθό της ΥΓΕΙΑΣ Ανθρώπου(ων)
   (ήτοι ΠΚ-Εγκλήματα κατά της ζωής (15ο κεφάλαιο ΠΚ{Ποινι-
   κού Κώδικα} και ΠΚ-Σωματικές Βλάβες (16ο κεφάλαιο ΠΚ)
2. Καταστροφή Επιστημονικών Δυνατοτήτων (ήτοι ΠΚ-Εγκλή-
   ματα κατά της υγείας -ως παραπάνω (1) ΠΚ-Εγκλήματα κατά
   της τιμής (23ο κεφάλαιο ΠΚ) Επιστήμονος, και Προδοσία του
   Έθνους (2ο κεφάλαιο ΠΚ) σε ιδιαίτερες περιπτώσεις π.χ. σε
   Περιπτώσεις που καταστρέφονται κορυφαίοι δημιουργικοί
   επιστήμονες του Έθνους μας, με όλες τις συνέπειες για κακής
   ποιότητας και καταστρεπτικές αποφάσεις για το έθνος μας
   και την ευημερία των πολιτών μας.
3. Οικονομικές καταστροφές σε Άνθρωπο(ους) ή/και Ανθρώπι-
   νο Οργανισμό(ους) (ήτοι ΠΚ-Εγκλημάτων κατά περιουσιακών
   δικαίων (24ο κεφάλαιο ΠΚ) και Εγκλημάτων κατά της ιδιοκτη-
   σίας (23ο κεφάλαιο ΠΚ) και πλείστα σχετικά άρθρα του Αστι-
   κού Κώδικα+κ.α.)
4. Ατομική καταστροφή Ανθρώπου(ων) ή/και Ανθρώπινου Ορ-
   γανισμού(ων) (ήτοι ΠΚ- για βλάβες Αξίας και Υγείας Ανθρώ-
   που, κτλ.)
5. Κοινωνικές καταστροφές Ανθρώπου(ων) (ήτοι ΠΚ- για ψυχο-
   σωματικής υγείας καταστροφές(σε Κοινωνικό+Ατομικό) επί-
   πεδα, Καταστροφές Οικογενειακής ζωής ,κ.α. και άλλα σχετι-
   κά άρθρα του ΠΚ και του Αστικού Κώδικα, κ.α.
6. Καταστροφές στην προσωπική ελευθερία Ανθρώπου(ων) έμ-
   μεσα (με μείωση των Ψυχοσωματικών δυνατοτήτων και υγεί-
   ας Ανθρώπου, π.χ. ηλιθιοποιόντας τον και «πείθοντάς» τον
   να μείνει εγκλεισμένος σε περιορισμένο χώρο, κτλ., ή/και με
   άμεσα μέσα (με περιοριστικά μέτρα, π.χ. ψυχιατρικός εγκλει-
   σμός/, επηρεάζοντας (με ΠΚΝ) ανθρώπους να λάβουν περιο-
   ριστικά μέτρα).
7. Καταστροφές και σε άλλου τομείς (σχετικά άρθρα ΠΚ, Αστικό
   Δίκαιο και η σχετική νομοθεσία της Ελλάδος και των Αλλοδα-

πών Κρατών με την ορθή και σχετική με τον ΠΚΝ ερμηνεία των, κτλ.).

Ο κ. Γιάννης Μπέκας, στο σύγγραμμά του με τίτλο «Εγκλήματα κατά της ζωής και της υγείας» 2002, θεωρεί ότι στο 15° κεφάλαιο του ΠΚ «Εγκλήματα κατά της ζωής» και στο 16° κεφάλαιο του ΠΚ «Σωματικές βλάβες» το προστατευόμενο έννομο αγαθό είναι *η υγεία* (σ. 23 του ανωτέρω συγγράμματος).

Ορίζει δε την υγεία ως η υπάρχουσα σε δεδομένη (χρονική) στιγμή κατάσταση των φυσικών λειτουργιών, σωματικών *ή (και) πνευματικών* (ψυχικών) του Ανθρώπινου οργανισμού. Συνεχίζει δε, πολύ σωστά σύμφωνα με την γνώμη μας, στη σ. 23... *οποιαδήποτε συμπεριφορά διαταράσσει έστω και για ελάχιστο χρόνο αυτήν την κατάσταση και είτε δυσχεραίνει κάποια λειτουργία ή την καθιστά ανέφικτη, είτε υποχρεώνει τον οργανισμό σε ενεργοποίηση έκτακτης διαδικασίας επαναφοράς (της υγείας), βλάπτει την υγεία...* (επιστημονικά αισθανόμεθα την υποχρέωση να συγχαρούμε τον κ. Γιάννη Μπέκα για τον τόσο ακριβολογημένο και με πληρότητα ορισμό της «βλάβης υγείας», που ήταν ένας προβληματισμός, τόσο δύσκολος επιστημονικά να διατυπωθεί σε διεθνές επίπεδο...)

Το ότι στα κεφάλαια 16° ΠΚ «Σωματικές Βλάβες» αλλά και στο 15° ΠΚ «Εγκλήματα κατά της ζωής» η έννοια του «Σωματικές βλάβες» -κατά την τελεολογική ερμηνεία, που θεωρείται και η ορθοτέρα ερμηνεία του Δικαίου (π.χ. ειδές Τσάτσος-Προβλήματα της ερμηνείας του Δικαίου)- αναφέρεται σε σωματικές *ή/ και ψυχικές* βλάβες της υγείας και ζωής είναι προφανές από 1) την αιτιολογική εισηγητική έκθεση του νομοθέτου, το ότι είχε ενδιαφέρον για την ψυχολογική αντίληψη των εγκλημάτων (π.χ. Α. Κονταξή, Σεπτ. 1997, σ. 41, ...υπό το φως νεότερων ερευνών εις τα πεδία της *Ανθρωπολογίας, της ψυχολογίας,* ...αι τέως κρατήσασαι αντιλήψεις περί του εγκλήματος...) επίσης στο Α. Κονταξή ,Σεπτ. 1997 ,σ. 48: ...Αι ποινικαί επιστήμαι αποτελούν σήμερα ένα μέγα πλέγμα γνώσεως υπερβαίνον κατά πολύ τα παλαιά στενά όρια του Ποινικού Δικαίου. Η Ανθρωπολογία η Εγκληματολογία, *η Ψυχιατρική,* η Βιολογία, η Κοινωνιολογία, η Ιατροδικαστική, *η Ψυχολογία,* η Στατιστική είναι *ένα μέρος* του κύκλου αυτών των επιστημών αι οποίαι οφείλουν να αποτελούν κτήμα του δικαστού...) Επιπλέον δε (Α. Κονταξή, 2000, τόμος Β, σ. 2575)...εν ταις βλάβες της υγείας νοούνται και αι της σωματικής *και αι της διανοητικής υγείας* παθήσεις (Αιτιολ. 297). Τούτο προκύπτει εκ του άρθρου 310 καθ' ο η σωματική βλάβη δέον να έχει επακόλουθον βαρείάν πάθησιν του σώματος *ή της διανοίας.* Ομοίως) Α. Κονταξή, 2000, τόμος Β, σ. 2577) ...Βλάβη δε της υγείας είναι *οποιαδήποτε πάθησις σωματικής η διανοητικής υγείας ή επίτασις* υπάρχουσα ήδη παθολογικής καταστάσεως (Μπουρόπουλος Β. 503/4 , ΑΠ1518/95) Βλάβη της υγείας είναι *πάσα πρόκλησις ή επαύξησις μίας ασθένειας* (π.χ. να μη μπορείς να παίρνεις *ποιοτικής αξίας αποφάσεις* λόγω π.χ. ισχυρών ψυχοφαρμάκων ή/ και ηλεκτροσόκ -απώλεια συνειρμών μνήμης, τρόμος, κτλ. η του διανοητικού ΦΟΝΟΥ της λοβοτομής, που επίσης είναι μέθοδοι πολέμου καταστροφής νοημοσύνης), ασχέτως χρονικής διάρκειας της τοιαύτης καταστάσεως.

Η βλάβη της ψυχικής υγείας είναι πάντοτε βλάβη υγείας (βλέπε και Μαργαρίτη σ.159, Φιλιππίδη 179, Γάφο δ97, και ως συνέπεια ερμηνείας εν συνδυασμό τελεολογικά με ΠΚ310, κτλ.)

Αναφορικά με το 15° κεφάλαιο του ΠΚ είναι η γνώμη μας ότι πρέπει να διευκρινίσουμε μεταξύ δύο (2) ειδών *θανάτων*, της αυτής αξίας όσον αναφορά τον ΠΚ.

Α) *Σωματικός Θάνατος* (π.χ. καταστροφή ζωτικών εγκεφαλικών κυττάρων για τη συνέχιση της ζωής...)

Β) *Ψυχικός Θάνατος (π.χ. είδη ΛΟΒΟΤΟΜΩΝ ψυχιατρικής, ή ανίατο κώμα, ή άλλες επενέργειες, που μετατρέπουν τον άνθρωπο σε «φυτό»)*

Ο Πόλεμος Καταστροφής Νοημοσύνης (ΠΚΝ) ως επιδρώντας στην *ποιότητα* των αποδόσεων των αποφάσεων in concreto περιστάσεις μπορεί να επιφέρει και ΨΥΧΙΚΟ ΘΑΝΑΤΟ (π.χ. με ψυχιατρικές μεθόδους, κτλ.) αλλά και ΣΩΜΑΤΙΚΟ ΘΑΝΑΤΟ (π.χ. με ΔΟΛΟ και ηλιθιοποιόντας (ΠΚΝ) τον άνθρωπο και μετά ακολουθώντας τη μέθοδο της δολοφονίας με «Στατιστικές Παγίδες Θανάτου» π.χ. σε Λεωφόρο συχνότατα να είναι κατεστραμμένα το πράσινο φανάρι διέλευσης πεζών -π.χ. περιοχής ΕΚΘΕ Αγίου Κοσμά- ή ως πεζός να τρέχει να προλάβει λεωφορείο του ΟΑΣΑ που η στάση είχε τοποθετηθεί στο πιο επικίνδυνο μέρος για αυτοκινητικό ατύχημα (π.χ. πριν λίγα χρόνια στην περιοχή Νέου Φαλήρου για το λεωφορείο Α2, ενώ υπήρχαν ασφαλείς εναλλακτικές λύσεις για την τοποθέτηση της στάσης λεωφορείων, κτλ.)

Ο Πόλεμος Καταστροφής Νοημοσύνης (ΠΚΝ) επιδρά στην *ποιότητα και βαθμό απόδοσης* των ανθρωπίνων αποφάσεων και διαφοροποιείται από άνθρωπο σε Άνθρωπο. Έτσι π.χ. εάν με ΠΚΝ καταστρέψει ς(π.χ. με ψυχιατρικές μεθόδους κτλ.) έναν ΑΡΙΣΤΟ Επιστήμονα, ώστε να είναι πλέον «ικανός» για να παίρνει αποφάσεις ΜΟΝΟ για *χειρωνακτικές* εργασίες (π.χ. για το πώς θα κάνει ένα έργο «ζωγραφικής» σε ψυχιατρείο...) τότε η βλάβη υγείας αυτού του ανθρώπου είναι *ΒΑΡΥΤΑΤΗ* όπως τούτο προκύπτει από π.χ. το εξαίρετο σύγγραμμα του κ. Γιάννη Μπέκα με τίτλο «Εγκλήματα κατά της Ζωής και της Υγείας»,2 002, σ. 24 «Ο έλεγχος συνεπώς της προσβολής της υγείας ΔΕΝ γίνεται σε σύγκριση προς κάποιο προκαθορισμένο, σταθερό μέγεθος, αλλά *ΚΑΘΕ* φορά συγκρίνεται η κατάσταση της Υγείας *ΠΡΙΝ* από την επενέργεια (π.χ. ΠΡΙΝ από λήψη ψυχοφαρμάκων ή ηλεκτροσόκ ή ΛΟΒΟΤΟΜΩΝ ή άλλων ψυχολογικών/ψυχιατρικών επιρροών στον Άνθρωπο, το πως λειτουργούσε ο ΑΡΙΣΤΟΣ Επιστήμων σε Επιστημονικές και άλλες δραστηριότητες, κτλ.) και το αποτέλεσμα της συμπεριφοράς και ΜΕΤΑ (που ίσως ο ΑΡΙΣΤΟΣ επιστήμων έγινε «ικανός» ΜΟΝΟ για ...χειρωνακτικές «εργοθεραπείες».

Σε σύγκριση με τον άριστο επιστήμονα που όπως αναφέραμε *ΝΕΚΡΩΝΕΤΑΙ ΔΙΑΝΟΗΤΙΚΑ (ήτοι μορφή ΨΥΧΙΚΟΥ ΘΑΝΑΤΟΥ)* με τα κακώς εννοούμενα ('Η ΜΕ ΔΟΛΟ) εφαρμοζόμενα Ψυχολογικά/Ψυχιατρικά μέτρα, ένας ΑΞΙΟΣΕΒΑΣΤΟΣ π.χ. Γεωργός *ΙΣΩΣ;;;* μπορεί ακόμα να σκάβει ΧΕΙΡΟΝΑΚΤΙΚΑ το χωράφι του μετά από ψυχοφάρμακα ή ηλεκτροσόκ ή τον ΨΥΧΙΚΟ ΦΟΝΟ της ΛΟΒΟΤΟΜΗΣ...

Είναι η γνώμη του παρόντος συγγραφέως ότι ο ΠΟΛΕΜΟΣ ΚΑΤΑΣΤΡΟΦΗΣ ΤΗΣ ΝΟΗΜΟΣΥΝΗΣ που κατά πρώτον *στερεί* την ερώτηση το *ΓΙΑΤΙ;* της συμπεριφοράς (ως π.χ. διδάσκει ο εβραϊκής καταγωγής πολυδιαφημιζόμενος από τα Μέσα Μαζικής Επικοινωνίας «πατέρας» της ψυχολογίας/ψυχιατρικής Sigmunt Freud, με τις μεθόδους του της *παθητικής* ακρόασης, κ.τ.λ..) είναι από τις *ΠΙΟ ΑΠΟΤΕΛΕΣΜΑΤΙΚΕΣ* μεθόδους Πολέμου Καταστροφής Νοημοσύνης, ως προφανέστατα συνάγεται από τον ίδιο τον ορισμό της νοημοσύνης που δόθηκε στην αρχή του άρθρου (ήτοι να ρωτάμε για να βρούμε τις αιτίες, ν-φορές -ΓΙΑΤΙ; ΔΙΟΤΙ..., ΕΧΕΙ ΕΝΝΟΙΑ; κ.τ.λ.)

ΚΑΙ από την *τεράστια σημασία* που έχει η νοημοσύνη στον βαθμό ποιότητας και αποδόσεως των ανθρωπίνων αποφάσεων και των σχετικών συνεπειών τους... για π.χ. τον Άνθρωπο(ους), το Κοινωνικό σύνολο, την Ανθρωπότητα και τα Νοήμονα Οικοσυστήματα...

ΒΙΒΛΙΟΓΡΑΦΙΑ

Κονδυλάκης Ιωσήφ-Χρήστος , 1999, «Η Δημιουργική νοημοσύνη ως έννομο αγαθό», δημοσιεύθηκε στην «Ποινική Δικαιοσύνη», Οκτώβριος 1999, σ. 1055-1056.

Κονδυλάκης Ι.-Χ., 1997, «Η Καταστροφή της Νοημοσύνης και Εσχάτη Προδοσία 1997, και σημειώσεις επί του άρθρου της 9-12-1997, Εθνική Βιβλιοθήκη της Ελλάδος.

Κονδυλάκης Ι.-Χ. + Γ. Σακαρέλλου «Συμβολή θεωριών της πληροφορικής και της μαθηματικής λογικής στην καλυτέρευση της απονομής της Δικαιοσύνης», Πρακτικά Β΄ Συνεδρίου Διοικητικών Δικαστών, Δεκέμβριος 1990, σ.162 επ.

Κονδυλάκης Ι.-Χ,. 2000, «Πόλεμος Καταστροφής Νοημοσύνης και νομική προστασία»,Εθνική Βιβλιοθήκη της Ελλάδος.

Κονδυλάκης Ι.-Χ., 2001, «Πόλεμος για την Καταστροφή της Νοημοσύνης», Εθνική Βιβλιοθήκη της Ελλάδος.

Κονδυλάκης Ι.-Χ.,19-Φεβ(2)-2002, «Μία επίδραση της σημειολογίας στην ψυχολογία και στην ψυχιατρική» και στην δ/νση του INTERNET: www.ncmr.gr/Kondylakis/psychiatry.html.

Μπέκας Γιάννης. 2002, «Εγκλήματα κατά της Ζωής και Υγείας», εκδόσεις Π.Ν. Σάκκουλα.

Κονταξής Α., 1997 Σεπτ., επιμέλεια «Ποινικός Κώδικας».

Κονταξής Α., 2000, Ερμηνεία (τόμος Α+Β), «Ποινικός Κώδικας».

IV.

ΚΑΤΑΣΤΡΟΦΗ ΝΟΗΜΟΣΥΝΗΣ ΚΑΙ ΕΣΧΑΤΗ ΠΡΟΔΟΣΙΑ

Υπό Ιωσήφ-Χρήστου Κονδυλάκη, 1997
Πυρηνικού Φυσικού/Ειδικού Πληροφορικής

Ως «Νοημοσύνη» νοούμε στο παρόν άρθρο τη διαδικασία λύσεως προβλημάτων και/ή τη μη τυχαία επιλογή μίας βέλτιστης (optimum) επιλογής σε πρόβλημα αποφάσεως με τη χρήση ενός αλγορίθμου ο οποίος μπορεί να περιλαμβάνει λογικές διαδικασίες σαν την επαναληπτική διαδικασία των ερωτήσεων *Γιατί;, Διότι...*, *Έχει έννοια;* για τις αιτίες που πρέπει να κατανοηθούν. [1].[2].[3].

Στον Ποινικό Κώδικα (ΠΚ),στο άρθρο ΠΚ 134 παρ. 2 η λέξη «βία» δύναται να ερμηνευθεί σύμφωνα με τον σκοπό του νομοθέτη [4] και ως ψυχολογικός επηρεασμός Ανθρώπου(ων) και είναι αναγκαία αυτή η ερμηνεία (υπό την έννοια της ικανότητος λήψεως βέλτιστων (optimum) αποφάσεων) για την ομαλή λειτουργεία του πολιτεύματος .

Ως πολίτευμα νοείται [5] η οργανωμένη μορφή που παίρνει η πολιτεία. Ως πολιτεία δε νοείται [5] το συνολικό φαινόμενο της οργανωμένης (όχι αταξία/αναρχία) κοινωνικής συμβίωσης των ανθρώπων. Στοιχεία δε της πολιτείας είναι [5]: α) η χώρα, β) ένα κοινωνικό σύνολο, γ) η κρατική οργάνωση και δ) η πρωτογενής εξουσία.

Εξ αυτών συνάγεται οτι η ομαλή λειτουργία απαιτεί την ομαλή λειτουργία της κρατικής οργάνωσης και τούτο συνεπώς απαιτεί και την προστασία από την κατάλυσή της (αναρχία) ή αλλοίωσή της (π.χ. από τα Μέσα Μαζικής Επικοινωνίας) ή το να καταστεί ανενεργή η κρατική οργάνωση όπως μπορεί να συμβεί με πόλεμο καταστροφής νοημοσύνης.

Επειδή όμως το άρθρο 2 παρ. 1 του Ελληνικού Συντάγματος θέτει ως πρωταρχική υποχρέωση της πολιτείας την προστασία και τον σεβασμό στην αξία του ανθρώπου συνάγεται απο τη γενική Ιδέα του Δικαίους ενιαίου και χωρίς αντιφάσεις συνόλου [4], ότι για να επιτευχθεί η χώρο-χρονικά βέλτιστη προστασία της αξίας του Ανθρώπου στην Ελληνική πολιτεία απαιτείται η βέλτιστη αξιοποίηση των πηγών Νοημοσύνης+γνώσεων+δημιουργικού+δίκαιου ψυχισμού (Δημιουργική νοημοσύνη) εντός και εκτός της Ελληνικής επικράτειας. Δι' αυτό η καταστροφή των πηγών δημιουργικής νοημοσύνης με οποιοδήποτε τρόπο κυρίως μακροπρόθεσμα, αλλά και βραχυπρόθεσμα και μεσοπρόθεσμα οδηγεί σε μη βέλτιστες ή και καταστρεπτικές αποφάσεις για την αξία του ανθρώπου (και την ψυχική και βιολογική του υγεία σε ατομικό αλλά και στατιστικό επίπεδο του κοινωνικού συνόλου) και για το δημοκρατικό πολίτευμα το οποίο μπορούν να καταστήσουν ανενεργό τουλάχιστον μερικώς (π.χ. ψυχικός επηρεασμός από τα Μέσα Μαζικής Επικοινωνίας της εκτελεστικής, νομοθετικής και δικαστικής λειτουργίας της πολιτείας ή/και καταστροφή νοημοσύνης του κοινωνικού συνόλου, κ.τ.λ.) ή να μετατρέψουν την ομαλή λειτουργία του πολιτεύματος σε αναρχία ή να καταστρέψουν την ιδία την υπόσταση της πολιτείας (π.χ. πόλεμος καταστροφής νοημοσύνης μυστικών υπηρεσιών με π.χ. εκδίωξη δημιουργικής νοημοσύνης Ανθρώπων εκτός Ελλάδος ή παρεμπόδισή των για την ανάληψη θέσεων εργασία σημαντικών για την ανάπτυξη και την ευημερία της Ελλάδος η ψυχολογικής καταστροφής των (κ.τ.λ.).

Για τους παραπάνω λόγους νομίζουμε ότι η καταστροφή δημιουργικής νοημοσύνης του Ελληνικού Έθνους και πολιτείας αποτελεί πράξη εσχάτης προδοσίας (ΠΚ 134).

ΒΙΒΛΙΟΓΡΑΦΙΑ

[1] "Ένα μοντέλο επί της δομής και λειτουργίας της μνήμης από την άποψη της νοημοσύνης", από Ιωσήφ-Χρήστο Κονδυλάκη, Εθνική Βιβιβλιοθήκη της Ελλάδος, 1982.

[2] "Συμβολή θεωριών της πληροφορικής και της μαθηματικής λογικής στην καλυτέρευση της απονομής δικαιοσύνης", από Ιωσήφ-Χρήστο Κονδυλάκη, Γεωργία Σακαρέλλου, Β Συνέδριο Διοικητικών Δικαστών, Αθήνα, Δεκ. 1990.

[3] "Theory of evolution of an intelligent Ecosystem" By Joseph-Christos Kondylakis, Acta Biotheoretica, 45 (2): p.181-182, June 1997.

[4] "Το πρόβλημα της ερμηνείας του δικαίου", υπό Κων/νου Τσάτσου, 1978.

[5] "Στοιχεία δημοκρατικού πολιτεύματος", από Β. Πετριστόπουλος, Π. Γιαννακόπουλος, Α. Καραλής, Οργανισμός Εκδόσεων Διδακτικών βιβλίων Γ' Γυμνασίου, 1991.

V.

ΣΗΜΕΙΩΣΕΙΣ ΕΠΙ ΤΟΥ ΑΡΘΡΟΥ:
ΚΑΤΑΣΤΡΟΦΗ ΝΟΗΜΟΣΥΝΗΣ(Δημιουργικής)
ΚΑΙ ΕΣΧΑΤΗ ΠΡΟΔΟΣΙΑ ΤΟΥ ΕΘΝΟΥΣ

από τον Ιωσήφ-Χρήστο Κ. Κονδυλάκη, 9 Δεκ (12)-1997

Σύμφωνα με τον σκοπό του νομοθέτη, ως προκύπτει από την ιστορική έρευνα π.χ. «Εκθεσις γενικής εισηγήσεως επί της Δικαιοσύνης Κοινοβουλευτικής επιτροπής» (εισηγητές κ. Β. Στεφανόπουλος, κ. Η. Λογάτος, πρόεδρος κ. Ν. Μπαλόπουλος)

[σελίς 41, του {1}]➔ « Υπό το φως νεωτέρων ερευνών εις τα πεδία της Ανθρωπολογίας, της *Ψυχολογίας* και της στατιστικής...»

[σελίς 48, του{1}]➔ « Αι ποινικαί επιστήμαι αποτελούν σήμερα μέγα πλέγμα γνώσεων υπερβαίνον κατά πολύ τα παλαιά στενά όρια του ποινικού Δικαίου. Η *Ψυχολογία*...»

Προκύπτει η θέληση και ο σκοπός του Νομοθέτη να συμπεριληφθούν στο Π.Κ. 134 και γενικότερα στο δεύτερο κεφάλαιο του Π.Κ. (Ποινικού Κώδικα) περί της Προδοσίας της χώρας τα θέματα της Καταστροφής της Δημιουργικής Νοημοσύνης του Έθνους μας, ως ένα αληθές κενό του νόμου για να συμπληρωθεί, και συνεπώς τελεολογικά δικαιολογεί την ερμηνεία της βίας στο Π.Κ. 134 και στο δεύτερο κεφάλαιο του Ποινικού Κώδικα μας ως: ΒΙΑ ΕΙΝΑΙ ΚΑΙ Ο ΨΥΧΟΛΟΓΙΚΟΣ ΕΠΙΡΡΕΑΣΜΟΣ ΑΝΘΡΩΠΟΥ(ΩΝ) ΠΟΥ ΚΑΤΑΣΤΡΕΦΕΙ ΤΗΝ ΙΚΑΝΟΤΗΤΑ ΛΗΨΕΩΣ ΒΕΛΤΙΣΤΩΝ(OPTIMUM) ΧΩΡΟ- ΧΡΟΝΙΚΩΝ ΚΑΙ ΑΝΑ ΠΕΡΙΠΤΩΣΗ ΑΠΟΦΑΣΕΩΣ(ΩΝ)...

ΒΙΒΛΙΟΓΡΑΦΙΑ

[1] «Ποινικός Κώδικας» επιμέλεια κ. Α. Κονταξή, Ιούνιος 1997

[2] «Το πρόβλημα της ερμηνείας του Δικαίου», Καθηγητή Κ. Τσάτσου, 1978

VI.

For law actions for protection of cognitive Intelligence

Everything in our sensable world depends on the laws of nature, from the "luck" and from the decisions of Humans and animals.

From the above factors we infer that the Human intentional influence to Earth or outside the Earth ecosystem, depend on the Human decisions and their execution.

Therefore the suitable for the spatial-time-case needs choice of a set of goals and their optimum achievement of this set of goals is a basic function of the Human intelligence and the intelligence (it does not mean information) of the Human organisms.

The meaning of Human intelligence is defined in the same author contribution to the Future of Europe-debate of 17-Dec(12)-2001 with title " Human intelligence+Education+Religion in the Future of Europe" and also is defined with the definition of the intelligence of Human organization in the article(in Greek language) with title "The constructive intelligence as legal value", by Joseph-Christos Kondylakis, published in the Greek scientific journal of Law science "Criminal Justice", October 1999, p1055- 1056.

At our contemporary times, there are actions,events and facts that lead us to say that in Nations a destruction of Human intelligence (and destruction of constructive emotions) happens.

Specifically:
1) In many Nations (USA, EU, and others) people by the media (TV, etc) influences "are made" to be only "doers" and not "thinkable"(except of common thought patterns). It is a fact that in many Nations people "hate" the discussions which involve thinking (they may like only very descriptive discussions, which most of the times are "copy" of the discussions patterns of media productions) and they prefer the "mass" of Humans only to "do" activities.

Possible proof can come from the simple scientific intelligence use test which is described in my contribution to the future of Europe-Debate of 13-Dec (12)-2001 with title "RE: Media Culture+Human Intelligence+ emotions(paragraph 3)/Thoughts on the multi-cultures of European Union"-linkage.

2) The media productions(in Greece and perhaps in other Countries) continuously advertise and show with comparative maximum time...the astrologists, mysticism, etc (which is for Idiots and which make the Humans Idiots and controllable) and the MONOTONY of restricted space and repeated events of football and basketball games, which their observation make VERY TIRED AND TORTURING THE INTELLECTUAL MIND(It is VERY different the watching football and basketball and the GYMNASTIC of playing football or basketball).

In Greece almost NEVER in our days you will listen discussions from f.e Prof of Universities (except medicine) or other REAL intellectual people, but you will "continuously" see (NOT thinking)... astrologists, football persons and perhaps cinema actors to discuss in order to solve the problems of our society, e.t.c.

3) It is the opinion of the author, that the publications from very advertised USA University(ies) press of today is significant lower quality COMPARED to the publications written before 1950, perhaps when the scientific thought was not contaminated by the media productions and the noise in the mind of advertisements. The today terminology in "computer science" and even in mathematics remind to us...the economical market terminology and not of this of natural sciences before 1950.

4) Most of the contemporary child growing stories in international media, it is our opinion, that they are destructive for the intelligence (and the constructive emotions) of the children

5) Education graduates (even the education system by itself) has not developed, statistically, the reasoning and thinking abilities of the students (even perhaps of the teachers)compared to the past(f.e before 30 years). Here in Greece, we think major reasons are the lack of motivation(rather it exist strong NEGATIVE motivation)(economical and other types of motivations) to students(and to teachers and graduates)because here in Greece a person with few class of elementary school education can often win perhaps 10 times more money than a University with post graduate studies(cases of f.e house builders, etc).A result is the very low quality of "culture" of today Greece ("skyladika" music

and songs, black dressing(like in funerals) in fashion, uncivilized behavior, destruction of the philosophical Greek language, etc.)

6) The Media in Greece promote the rare exception as the rule and they cause deformation of the reality and also modify the reality to the worst (f.e in cases of Justice servants, Religion, etc.)

7) E.T.C.

B E C A U S E of the above and

B1. Because of the arguments presented in the article "The constructive intelligence as legal value", of the author, mentioned above

B2. Because of United Nations Human Rights Conventions articles: 1, 26(paragraph 2), 30

B3: Because of the Charter of Fundamental Rights of the European Union[CFREU] articles: 3 (paragraph 1) (because the Human intelligence is part of mental integrity), 24(paragraph 1 and 2), 26 (because most information to disable Humans come through media productions and the media productions must respect the Human intelligence and not to destroy it), 51, 52

B4: Because of the Greek constitution articles: 2 (paragraph 1), 7 (paragraph 2), 14 (paragraph 1 in combination with the Criminal Law), 15 (paragraph 2), 24 (paragraph 1), 25 (paragraphs 1+2+3)

B5: Because of the Greek Criminal Law articles: 308,309,310,312,306

FOR THE ABOVE REASONS and perhaps for other additional reasons

We may recommend to the European Union Nations to think and act for the Legal protection of Human Intelligence (and constructive emotions).

This contribution may be thought about and may be used by public prosecutor(s) of any Nation(s) for public protection.

VII.

ΙΩΣΗΦ-ΧΡΗΣΤΟΣ Κ. ΚΟΝΔΥΛΑΚΗΣ

ΣΤΟΧΑΣΜΟΙ ΕΝΤΟΣ ΤΗΣ ΦΙΛΟΣΟΦΙΑΣ ΤΟΥ ΔΙΚΑΙΟΥ

από τον Ιωσήφ-Χρήστο Κ. Κονδυλάκη, 13-Μαϊου(5)-2003, Τηλ 22910-76322 (copyright του συγγραφέως κατατιθέμενο ως σχετικό στην Ε.Α.Π./8081/5-11-1998)

Α. Περί ορισμών σχετικών με το Δίκαιο

1. Τι είναι Δίκαιο; *Δίκαιο* είναι η *γνώση* για την απονομή αύλου ή/και υλικού αγαθού (αλλά ή/και κακού για την περίπτωση των ποινών) σε σύνολο ατόμων που ανήκουν στο σύνολο {1,2,...,Ν}, και Ν θετικός ακέραιος αριθμός., εις τρόπον ώστε να *βελτιστοποιείται(optimizing)* η ατομική ΚΑΙ του συνόλου των ατόμων ψυχοσωματική ή/και υλική κατάσταση(εις)προς *δημιουργικήν φοράν(→*). (Υ.Σ. Πλέον πρακτικά εφαρμόσιμος ορισμός Δικαίου υπάρχει στην διανοητική εργασία των Κας Γωγώ Σακαρέλλου και Ιωσήφ-Χρήστου Κονδυλάκη [1])
2. *Δικαιοσύνη* είναι η *απονομή* του Δικαίου.
3. *Δίκαιος* είναι νοήμων όν, με σχετικές γνώσεις Δικαίου και σχετικών με την περίπτωση απονομής Δικαίου επιστημών, το οποίον έχει την τάση (αρετή σύμφωνα με τον Αριστοτέλη[2]) να απονέμει *σωστά* το Δίκαιο.
4. *Βελτιστοποίηση (optimizing)* είναι η *διαδικασία* εύρεσης ακροτάτου (συνήθως μεγίστου, αλλά αγνοούμε σημεία καμπής (saddle points)) σε ένα σύστημα διαδικασιών (processes) (π.χ. ισοτήτων ή/και ανισοτήτων, κ.τ.λ.) που όμως *ταυτόχρονα εξασφαλίζει ότι θα πληρούνται και οι περιορισμοί* του συστήματος.

Β. Δίκαιο και Δημιουργική Ηθική
(π.χ. ΧΡΙΣΤΙΑΝΙΚΗΣ ορθοδόξου Θρησκείας)

1. Η λέξη *Ηθική* παράγεται από την λέξη «ήθος», που αποτελεί εκτενέστερο τύπο της λέξης «έθος»(=συνήθεια) [3]. Το ήθος *δεν* ταυτίζεται βέβαια με τη συνήθεια, συνδέεται όμως με αυτήν, γιατί η συνήθεια καλλιεργεί και εμπεδώνει το ήθος[3]. (Υ.Σ. Λόγω conditioning της ψυχολογίας συμπεριφοράς)
   Ήθος είναι ο σταθερός τρόπος συμπεριφοράς του ανθρώπου, οι διαθέσεις, οι εκδηλώσεις, οι ενέργειές του, που με

εθισμό σταθεροποιούνται και χαρακτηρίζουν την προσωπικότητά του[3].

Δημιουργικό ήθος είναι το εποικοδομητικό ήθος που δημιουργεί τάξη και αρμονία στο οικοσύστημα.

Η Χριστιανική ανθρωπολογία τοποθετεί τον άνθρωπο σε προοπτική απεριόριστης προσωπικής ελευθερίας, που ξεπερνάει κάθε υλική, βιολογική, κοινωνική ή κοσμική αναγκαιότητα. Ο άνθρωπος είναι δημιούργημα του Θεού.[3]. Ο κτιστός και φθαρτός άνθρωπος ανάγεται στον άκτιστο (αδημιούργητος χωρίς αρχή και τέλος) και αιώνιο Θεό, που ταυτίζεται με την *Αγάπη [3]*.

Η Χριστιανική ηθική έχει ως βάση τη Χριστιανική ανθρωπολογία[3] που βασικά γνωρίσματα είναι η *ελευθερία ΚΑΙ η Αγάπη* που χαρακτηρίζουν το ορθόδοξο Χριστιανικό ήθος. *Το αδούλωτο φρόνιμα και η ανιδιοτέλεια,* που έχουν μία ιδιαίτερη θέση στη Χριστιανική παράδοση, αποτελούν εμπειρικές φανερώσεις των δύο βασικών χαρακτηριστικών της Χριστιανικής Ηθικής[3].

2. Στη Δικαιοσύνη, η απονομή του Δικαίου σε υλικά αγαθά είναι σχετικά πολύ πιο εύκολη από την απονομή Δικαίου σε συνδυασμό με ψυχοσωματικές καταστάσεις Ανθρώπων. Εδώ ακριβώς η δημιουργική ηθική βοηθά την διανόηση και την πνευματικότητα του απονέμοντος το Δίκαιο, υπό τις έννοιες που περιεγράφηκαν ανωτέρω {Β-1}.

Γ. Πρακτικά θέματα Δικαιοσύνης

1. Απαιτείται *πλεονάζων* αριθμός Δικαστικών Λειτουργών και πλεονάζοντες

   Αναγκαίοι πόροι (resources) ώστε οι Δικαστικοί Λειτουργοί να μπορούν να σκέπτονται *καλής ποιότητας αποδοτικά* για την Δικαιοσύνη, διότι *πρώτιστον είναι η ποιότητα της Δικαιοσύνης,* και πολύ μετά ακολουθεί η «ποσότητα» των σχετικών Δικαστικών αποφάσεων σε καθορισμένο χρονικό διάστημα. Προφανές είναι βέβαια ότι το σύντομο χρονικά της εκδόσεως δικαστικής απόφασης σημαντικά αυξάνει την εν γένει ποιότητα της Δικαιοσύνης.

2. Τα σωστά κίνητρα και αμοιβές κινήτρων (motivation) στους Δικαστικούς Λειτουργούς και υπαλλήλους σε συνδυασμό με πλεονάζοντες αναγκαίους πόρους είναι *θεμελιώδης* παράγο-

ντες για υψηλή ποιότητα και απόδοση της Δικαιοσύνης.

Η ουσία (Ουσιαστικού + Δικονομικού Δικαίου) συμβάλει στην *ποιότητα* της Δικαιοσύνης και όχι οι ασήμαντες ή οι «πονηρές» για αδικίες λεπτομέρειες...

Δ. Βιβλιογραφία

[1]➔ «Συμβολή Θεωριών της Πληροφορικής και Μαθηματικής Λογικής στην καλυτέρευση της απονομής της Δικαιοσύνης» από τους Κα Γωγώ Σακαρέλλου και Ιωσήφ-Χρήστο Κ. Κονδυλάκη, Β΄ Συνέδριο Διοικητικών Δικαστών, Αθήνα 2-Δεκ (12)-1990

[2]➔ «Η Αρχαία Ελληνική Φιλοσοφία», τόμος Α, Α.Δ. Κρητώνη, εκδόσεις Καραμάνος,

Θεσ/νίκη, 2002

[3]➔ «Θέματα Χριστιανικής Ηθικής» Γ. Μαντηρίδης, Β. Γιούλτσης, Σ. Πέτρου,

Ν. Τζουμάκας, Γ΄ Λυκείου, Οργανισμός Εκδόσεων Διδακτικών Βιβλίων, 1991

ΣΥΝΤΟΜΟ ΒΙΟΓΡΑΦΙΚΟ ΤΟΥ ΣΥΓΓΡΑΦΕΑ

Ο Ιωσήφ-Χρήστος Κ. Κονδυλάκης, γεννήθηκε εις το Ηράκλειο της Κρήτης. Είναι Αριστούχος Φυσικός του Αριστοτελείου Πανεπιστημίου της Θεσσαλονίκης και μεταπτυχιακός απόφοιτος (M.Sc) Πυρηνικός Φυσικός ειδικευμένος εις την Πυρηνική Σχάση (Εφηρμοσμένα & Θεωρητικά), του Πανεπιστημίου McGill του Καναδά, όπου φοίτησε με πλήρη Καναδική υποτροφία.

Έχει εργαστεί ως Διευθυντής(Manager) Σχεδιάσεως Συστημάτων & Αναπτύξεως σε μεγάλη εταιρεία στον Καναδά, ως Επίκουρος Τεχνικός Προϊστάμενος εις τα Κεντρικά γραφεία της γενικής διεύθυνσης Παραγωγής Πυρηνικής Ισχύος εις το "Ontario Hydro" του Καναδά, εις το ΕΛ.ΚΕ.Θ.Ε. της Ελλάδος, κ.α.

Έχει πάρα πολλά επιστημονικά ενδιαφέροντα και ασχολείται με την πρωτότυπη θεμελιώδη επιστημονική έρευνα σε πολλούς τομείς, όπως ενδεικτικά φυσική, μαθηματικά, πληροφορική, ηλεκτρονικά(SV1GZ), ιατρική (ογκολογία, ψυχολογία/ψυχιατρική), νομικά, φιλοσοφία, οικολογία, διεθνείς σχέσεις, οικονομικά, χριστιανική ορθοδοξία, κ.α.

Έχει κάνει θεμελιώδεις πρωτότυπες δημοσιεύσεις εις Ελληνικά και Διεθνή επιστημονικά περιοδικά και έχει συγγράψει πάρα πολλά επιστημονικά άρθρα που έχει στείλει σε Πρεσβείες Εθνών και σε Εθνικούς & Διεθνείς Οργανισμούς.

www.ingramcontent.com/pod-product-compliance
Lightning Source LLC
Chambersburg PA
CBHW050600280326
41933CB00011B/1927